Cancionero Católico

Edición Tradicional

2021

1ra. Edición: 2005
2da. Edición: 2020
3ra. Edición: 2021

Recopiladores: *Prof. Luis Manuel Guerra P., MSc.*
Lic. Mavis Polo Cheva

Portada: Catedral de Panamá

Contracubierta: Altar mayor de Catedral de Panamá.

Fotografías: L. Byrzdett

ISBN: 978-9962-13-307-0

Dedicatoria

Este Cancionero Católico está dedicado a los 70 Aniversario de Fundación de nuestra Diócesis de David bajo la protección del Patrono San José y feliz memoria de Monseñor Daniel Enrique Núñez.

DIÓCESIS DE DAVID

PSALLITE DOMINO IN CITHARA

70 Años de Profunda Acción Evangelizadora

Contenido

11

17

1.

Ale, ale, ale, luuya
Ale, ale, ale, luuya
Ale, ale, ale, luuya
Aleluya, aleluya.

2.

**A ESTO SE REDUCE MI
DOCTRINA
ESTE ES TODO EL
RESUMEN DE MI LEY,
//QUE OS AMÉIS LOS
UNOS A LOS OTROS
IGUAL QUE YO OS AME//.**

Yo te pido por ellos, no pido
por el mundo.
Yo les di tu doctrina y el
mundo los odió.
Guárdalos en tu nombre,
que todos sean uno,
Para que sepa el mundo
quien fue el que me envió.

He guardado en tu nombre
a estos que me has dado.
No son ellos del mundo
igual que yo no soy.
Santos cual tu verdad, hoy
hazlos en tu nombre.
Como tú me enviaste los
envío así yo.
Si te pido por ellos, también
pido por todos
Los que por tu palabra un
día creerán.
Que todos sean uno, igual
que tú y yo somos,

Que el amor que me diste
sea en ellos realidad.

3.

A los hombres amó Dios
como a nadie amó jamás
de la mano Él nos conduce
y es la luz en la oscuridad
Cuando partimos el pan
nos une la caridad
es el pan de la amistad
el pan de Dios

**ES MI CUERPO, TOMAD
Y COMED
ES MI SANGRE, TOMAD
Y BEBED
PUES YO SOY LA VIDA
YO SOY EL AMOR
OH SEÑOR,
HAZ QUE VIVAMOS EN
TU AMOR**

A los hombres amó Dios
como nadie amó jamás
Para la gente de pueblo
es el hijo de José.
Con sus manos trabajó
como hacían los demás
Conoció los sufrimientos
y el dolor.

A los hombres amó Dios
como nadie amó jamás
En la cruz el Salvador
su propia vida nos dio
Y toda la humanidad
es el cuerpo del Señor
Nada puede separarnos

de su amor.

4.

A ti, el más inocente, a ti...
el Omnipotente, A ti mi Rey
y Señor, mi Dios y
Salvador, te Crucificaron,
tus manos y pies clavaron
Y tu... lo aceptabas más no
te basto con morir si no que
te quedaste aquí...

**BENDITA EUCARISTÍA,
BENDITO SEÑOR,
ADORO TU CUERPO QUE
ME ENTREGASTE POR
AMOR, BENDITA
EUCARISTÍA, BENDITO
SEÑOR, YA NO SOY YO
QUIEN VIVE, ERES TÚ
QUIEN VIVE EN MÍ.**
Yo puedo recibirte, tomarte
y hacerte, Parte de mí, si
eres mi dios, tan pequeño,
en ese pedazo de pan.

**BENDITA EUCARISTÍA,
BENDITO SEÑOR,
ADORO TU CUERPO QUE
ME ENTREGASTE POR
AMOR, BENDITA
EUCARISTÍA, BENDITO
SEÑOR, YA NO SOY YO
QUIEN VIVE, ERES TU
QUIEN VIVE EN MÍ.
TE CONSAGRO MI
VIDA... Y TUYA ES
MI VOZ.**

5.

Al augusto Sacramento
Veneremos con piedad
Que el Antiguo Testamento
A este rito dé lugar
Y la fe nos dé el aumento
Que el sentido ha de
ayudar
A Dios Padre, y a Dios Hijo
Alabemos con ardor
Alabanza a Dios bendito
Le rindamos con honor
Y al Espíritu Divino
Ensalcemos con loor.
Amén.

6.

Hoy Jesucristo te llamo
dejaras este mundo para
estar con el
hoy te decimos adiós
él te esperara
con los brazos abiertos y le
dirás.

*Abba, Abba, //Abba Padre
voy a ti//
Abba, Abba, Abba Padre
voy a ti
y María, // rogara por ti//.*

7.

Abre los ojos al mundo de hoy
algo brilla que ya no es el sol
Te da vida, te da paz,
te da amor y libertad.
Lucha contra el gran dominador,
para que termine la opresión:
Es la fuerza que te da
la Justicia y la verdad.

**CRISTO ES LA LUZ
QUE ALUMBRA EL
CAMINO
ES LA VERDAD
LA VIDA Y EL AMOR
LIBERTARA
A TODOS LOS HOMBRES
QUE VAN EN POS
DE UNA SALVACION.**

Eres grande por tu gran amor
eres sabio por tu humildad
eres Santo por tu Paz
tu pobreza y caridad.
Has dejado la soberbia atrás
ni te acuerdas de la envidia ya,
porque Cristo ha marcado
en tu vida la señal.

8.

**ABRE TU TIENDA AL
SEÑOR, RECÍBELE
DENTRO, ESCUCHA SU
VOZ.
ABRE TU TIENDA AL
SEÑOR PREPARA TU
FUEGO QUE LLEGA EL
AMOR.**

El adviento es esperanza,
la esperanza, salvación,
ya se acerca el Señor;
preparemos los caminos,
los caminos del amor,
escuchemos su voz.

Que se rompan las cadenas,
que se cante libertad,
el Señor nos va a salvar;
sanará nuestras heridas,
nuestro miedo y soledad;
El será nuestra paz.

Por la ruta de los pobres,
va María, va José;
van camino de Belén;
en sus ojos mil estrellas,
en su seño Emmanuel:
Él será nuestro Rey.

9.

ACERQUÉMONOS TODOS AL ALTAR, QUE ES LA MESA FRATERNA DEL AMOR, //PUES SIEMPRE QUE COMEMOS DE ESTE PAN, RECORDAMOS LA PASCUA DEL SEÑOR//.

Los hebreos en medio del desierto comieron el mana, nosotros peregrinos de esta vida comemos de este pan. Los primeros cristianos ofrecieron su cuerpo como trigo, nosotros acosados por la muerte bebemos de este vino.

Como Cristo hecho pan de cada día se ofrece en el altar, nosotros entregados al hermano comemos este pan. Como el cuerpo de Cristo es uno solo, por todos ofrecido, nosotros olvidando divisiones bebemos este vino.

Como ciegos en busca de la aurora dolientes tras la paz, buscando tierra nueva y cielos nuevos comamos este pan.

Acerquémonos todos los cansados porque él nuestro alivio, y siempre que el desierto nos agobie bebamos de este vino.

10.

YO SOY EL AGUA VIVA, LA FUENTE CLARA QUE MANA SIEMPRE. //YO TE ESPERABA, VEN A BEBER, YO SOY EL AGUA PARA TU SED//.

Yo tengo sed de vivir,
sed de felicidad,
sed de tu plenitud,
sed de divinidad.

Samaritana sedienta,
cántaro rojo y vacío,
yo voy buscando una
fuente, un manantial
escondido.

Dame, Señor, de tu agua,
que calme toda mi sed.
Si brota en mí el agua viva,
a mis hermanos daré.

11.

Ahí en la eucaristía está Tú presencia Señor
Ahí en la eucaristía está la prueba de que tú vives Cristo.

TU CUERPO, TU SANGRE ME DA VIDA SEÑOR, ME DA VIDA.

TU CUERPO, TU SANGRE ME DA VIDA SEÑOR, ME DA VI---I--DA.

Ahí en la eucaristía está
nuestra comunión.
Ahí en la eucaristía está
nuestra reconciliación.

TU CUERPO, TU SANGRE ME DA VIDA SEÑOR, ME DA VIDA.
TU CUERPO, TU SANGRE ME DA VIDA SEÑOR, ME DA VIDA.

Y no puedo esperar hasta
que estés aquí en mi
porque tu cuerpo vivo
Cristo estoy a punto de
adquirir.

No, no puedo esperar hasta
que estés aquí en mi
Pues es el cáliz de tu
sangre que me ayuda a
vivir.

Tu cuerpo, tu sangre me da
vida Señor, me da vida.
Tu cuerpo (vivo Cristo), tu
sangre me da vida Señor,
me da vida.

12.

Alabanza a ti oh Cristo
Rey de eterna Gloria
Rey de eterna Gloria
Alabanza a ti oh Cristo.

13.

ALABARÉ, ALABARÉ ALABARÉ, ALABARÉ ALABARÉ A MI SEÑOR (BIS).

Juan vio el número de los
redimidos
Y todos alababan al Señor,
Unos cantaban, otros
oraban
Y todos alababan al Señor.

Todos unidos alegres
cantamos
Gloria y alabanzas al señor
Gloria al padre gloria al hijo
Y gloria al espíritu de amor.

Somos tus hijos, Dios
padre eterno
Tú nos has creado por
amor
Te adoramos, te
bendecimos
Y todos cantamos en tu
honor.

14.

Todo mi ser canta hoy por
las cosas que hay en mí,
Gracias te doy mi Señor,
Tú me haces tan feliz.
Tú me has regalado tu
amistad, confío en ti me
llenas de tu paz.
Tú me haces sentir tu gran
bondad, Yo cantaré por
siempre tu fidelidad.

Gloria a ti, señor, por tu bondad
Gloria, gloria, siempre cantare tu fidelidad (2).

Siempre a tu lado estaré
alabando tu bondad. A mis
hermanos diré el gran gozo
que hallo en ti.
En ti podrán siempre
encontrar fidelidad,
Confianza y amistad.
Nunca fallará tu gran amor,
ni tu perdón. Me quieres tal
como soy.

15.
ALEGRE LA MAÑANA QUE NOS HABLA DE TI ALEGRE LA MAÑANA (BIS).

En nombre de Dios Padre,
Del hijo y del Espíritu
Salimos de la noche
Y estrenamos la aurora;
Saludamos el gozo
De la luz que nos llega
Resucitada
Y resucitadora.

Regresa desde el sueño
El hombre a su memoria
Acude a sus trabajos
Madruga a sus dolores
Le confías la tierra
Y a la tarde la encuentras

Rica de pan y amarga de
sudores.

Y tú te regocijas
Oh Dios y tú prolongas
En sus pequeñas manos
Tus manos poderosas
Y estáis de cuerpo entero
Los dos así creando
Los dos así velando por las
cosas.

16.
//ALEGRES TOMAMOS EL VINO Y EL PAN, SON NUESTRA ESPERANZA, SON VIDA Y LIBERTAD//.

En torno de la mesa
te encontramos, oh Señor,
unidos los hermanos,
comiendo el mismo pan.
Te das en alimento,
que es signo de tu amor.
Nos das la vida, Cristo,
nos das la eternidad.

Nos diste un mandamiento:
el amarnos de verdad;
quieres que reflejemos,
oh Señor, tu bondad.

Con tu cuerpo y tu sangre,
oh Señor, nos sostendrán,
hasta el fin de los siglos
en que Tú volverás.

17.

ALELUYA ALELU
ALELUYA
ALELUYA, ALELUYA
ALELUYA ALELU
ALELUYA
ALELUYA, ALELUYA
BUSCA PRIMERO EL
REINO
DE DIOS Y SU JUSTI CIA
Y TODO LO DEMAS SE
OS
DARA POR AÑADIDURA.

18.

Aleluya, aleluya, aleluya, aleluya (bis).

Te cantamos, te alabamos
Oh Dios Padre, Celestial.
Con torrente y mejorana
le cantamos a nuestro Dios.

Con saloma campesina
hoy te alabo a ti, Señor.

19.

ALELUYA, ALELUYA,
ALELUYA
ALELUYA, ALELUYA,
ALELUYA
ALELUYA, ALELUYA,
ALELUYA
EL CORDERO DE DIOS
VIENE YA.

20.

**ALELUYA, ALELUYA
EL SEÑOR ES NUESTRO
REY
ALELUYA, ALELUYA
EL SEÑOR ES NUESTRO
REY.**

Cantad al Señor un cántico
nuevo
porque ha hecho
maravillas,
su diestra le ha dado la
victoria,
su santo brazo.

El Señor da a conocer su
victoria,
revela a las naciones su
justicia
se acordó de su
misericordia y su fidelidad
a favor de la casa de Israel.

Los confines de la tierra
han contemplado
la victoria de nuestro Dios.
Aclamad al Señor, tierra
entera,
gritad, vitoread, tocad.
Tocad la cítara para el
Señor,
suenen los instrumentos
con clarines
y al son de trompetas
aclamad al Rey y Señor.

21.

**ALELUYA, ALELUYA (3)
EL SEÑOR RESUCITO.**

El Señor resucitó,
cantemos con alegría.
Demos gracias al Señor.
Aleluya.

El Señor resucitó, ya la
muerte está vencida.
Él nos dio la nueva vida.
Aleluya.

Ahora tengo la esperanza
de que Dios siempre
perdona, que Cristo no me
abandona. Aleluya.

22.

**ALELUYA, ALELUYA,
ES LA FIESTA DEL
SEÑOR
ALELUYA, ALELUYA
EL SEÑOR RESUCITO.**

Ya no hay miedo, ya no hay
muerte
Ya no hay penas que llorar
Porque Cristo sigue vivo
La esperanza abierta está.

Cuando un hombre a tu
lado
ya no sabe caminar,
no le dejes de la mano,
dale tu felicidad.

Cuando alguien te pregunte
dónde está la libertad,
que en tus obras él
descubra
que Jesús es quien la da.

Si delante de los hombres
encendemos nuestra luz,
abriremos mil caminos
para la resurrección.

23.

**ALELUYA, ALELUYA,
HA NACIDO EL
SALVADOR (BIS).**

Escuchad hermanos una
gran noticia
Dios a su hijo envió es
Jesucristo Salvador (bis).
Escuchad hermanos una
gran noticia
Gloria en los cielos a Dios y
en la tierra al hombre paz
(bis).

Escuchad hermanos una
gran noticia
Hoy en Belén de Judá os
ha nacido el Salvador (bis).

24.

ALELUYA, ALELUYA, ALELUYA (BIS).

Porque Cristo nuestro
hermano,
ha resucitado, María
alégrate (bis).

Porque Cristo, nuestro
hermano,
nos ha redimido, María
alégrate (bis).

Porque en Cristo nuestro
hermano,
hemos renacido, María
alégrate (bis).

25.

ALREDEDOR DE TU ESA
VENIMOS A RECORDAR
(BIS)
QUE TU PALABRA ES
CAMINO
TU CUERPO
FRATERNIDAD (BIS).

Hemos venido a tu mesa
a renovar el misterio de tu
amor.
Con nuestras manos
manchadas
arrepentidos buscamos tu
perdón.

Juntos y a veces sin vernos

celebramos tu presencia
sin sentir,
que se interrumpe el
camino
si no vamos como
hermanos hacia Ti.

26.

Amar es entregarse
Olvidándose de sí
Buscando lo que al otro
Pueda hacer feliz (bis).

QUE LINDO ES VIVIR
PARA AMAR
QUE GRANDE ES TENER
PARA DAR
DAR ALEGRÍA,
FELICIDAD
DARSE UNO MISMO
ESO ES AMAR (BIS).

Si amas como a ti mismo
Y te das a los demás
Verás que no hay egoísmo
Que no puedas superar
(bis).

Vivir para los otros
Ha de ser nuestro ideal
Y estar siempre dispuestos
Para servir y dar (bis).

27.

Amémonos de corazón,
no de labios ni de oídos
(bis)
para cuando Cristo venga
para cuando Cristo venga
nos encuentre bien unidos
(bis)
Un mandamiento nuevo os
doy:
que os améis unos a otros
(bis)
como yo os he amado
como yo os he amado
os améis también vosotros
(bis).
¿Cómo puedo yo orar
enojado con mi hermano?
(bis).
Dios no escucha la oración
Dios no escucha la oración
si no me he reconciliado
(bis).

Tu rebaño en ti confía
y esperamos tu venida.
(bis).
Para cuando Cristo venga
para cuando Cristo venga
nos reunamos con María
(bis).

28.

Andando por el camino
Te tropezamos señor
Te hiciste el encontradizo
Nos diste conversación
Tenían tus palabras
Fuerza de vida y amor
Ponían esperanza
Y fuego en el corazón.

**TE CONOCIMOS SEÑOR
AL PARTIR EL PAN
TU NOS CONOCES
SEÑOR
AL PARTIR EL PAN.**

Llegando a la encrucijada
Tú proseguías señor
Te dimos nuestra posada
Techo comida y calor
Sentados como amigos
Al compartir el cenar
Allí te conocimos
Al repartirnos el pan.

Andando por los caminos
Te tropezamos señor
En todos los peregrinos
Que necesitan amor
Esclavos y oprimidos
Que buscan la libertad
Hambrientos desvalidos
A quienes damos el pan.

29.

Anoche Cristo vino a mí
Y Él me consoló
Y mis penas se las llevó
Conmigo se quedó
Entonces al mundo miró
En la oscuridad
Me miró y me dijo así
Tan triste comentó.

DILES COMO LES QUIERO
DILES COMO LES AMO
SI SE SIENTEN LEJOS DE MÍ
DILES QUE ESTOY AQUÍ.

Cuando estaba Yo en la cruz
Y mi sangre vertí
Si por ellos la vida di
No tendrán que morir
Y yo siempre recordaré
Cuando le recibí
Porque yo ahora puedo ver
Porque ciego yo fui.

30.

Antes que te formaras
dentro del vientre de tu madre
antes que tú nacieras
te conocía y te consagré.
Para ser mi profeta
de las naciones yo te escogí
irás donde te envíe y lo que te mande proclamarás.

TENGO QUE GRITAR,
TENGO QUE ARRIESGAR
AY DE MI SI NO LO HAGO
COMO ESCAPAR DE TI
COMO NO HABLAR
SI TU VOZ ME QUEMA DENTRO
TENGO QUE ANDAR
TENGO QUE LUCHAR
AY DE MI SI NO LO HAGO

COMO ESCAPAR DE TI
COMO NO HABLAR
SI TU VOZ ME QUEMA DENTRO.

No temas arriesgarte
porque contigo yo estaré.
No temas anunciarme
porque en tu boca yo hablaré
Te encargo hoy mi pueblo
para arrancar y derribar
Para edificar destruirás y plantarás.

Deja a tus hermanos,
deja a tu padre y a tu madre,
abandona tu casa,
porque la tierra gritando está.
Nada traigas contigo
porque a tu lado yo estaré.
Es hora de luchar,
porque mi pueblo sufriendo está.

31.

//Aquí estoy Señor,
pidiéndote me enamores.
Llévame al desierto,
háblale a mi corazón
Pronuncia mi nombre,
Señor//
//Háblame amado mío,
quiero escuchar cuáles
son tus caminos. Quiero
entender cuanto esperas
de mí, háblame Señor
enamórame de ti//.

32.

Bien mío Jesús yo creo
En tu cuerpo y sangre
juntos
Para mí eres bocado puro
Sobre el altar yo te veo.

**SEÑOR VEN A
NUESTRAS ALMAS
QUE POR TI SUSPIRAN
VEN (BIS).**

Ya Cristo bajó del cielo
Al altar de nuestro Dios
El sacrificio de amor
Hoy lo hemos confirmado.

Feliz los que comulgamos
Somos parte de Jesús
De la verdadera luz
Ya lo hemos confirmado.

Por este bocado puro
En tu reino prometido
Espero haber conseguido
Para la gloria infinita.

33.

Campana sobre campana
y sobre campana una
asómate a la ventana
verás a un niño en la cuna.

**BELEN, CAMPANAS DE
BELEN
QUE LOS ANGELES
TOCAN**

**QUE NUEVAS ME TRAEIS
(BIS).**

Recogido tu rebaño
¿a dónde vas pastorcillo?
voy al portal a llevar
requesón, manteca y vino.

Campana sobre campana
y sobre campana dos
asómate a la ventana
porque está naciendo Dios.

Caminando a medianoche
¿dónde caminas pastor?
le llevo al niño que nace
como a Dios mi corazón.

Campana sobre campana
y sobre campana tres
en una cuna a esta hora
acaba Dios de nacer.

Si aun las estrellas
alumbran
¿pastor dónde quieres ir?
voy al portal por si el niño
con él me deja vivir.

34.

**CANTA ALELUYA
CANTA ALELUYA
CANTA ALELUYA
Y ALABA AL SEÑOR
(BIS).**

Por la risa de los niños
Por el padre trabajador
Por el beso de la madre

Y el anciano que ama a
Dios
Por el Dios que hace
posible
Tanto gozo y tanto amor
(bis).

Por el sol de la mañana
Por la luna que da claridad
Por el agua y la nieve
Por los peces que hay en el
mar.
Por el Dios creador del
mundo
Por su amor y su bondad
(bis).

Por los pájaros y flores
Por el aire que nadie vició
Por los valles y montañas
Por el árbol que sombra
nos dio
Por el Dios creador del
mundo
Porque siempre en mí
pensó.

35.

Caminamos hacia el
sol esperando la
verdad. La mentira, la
opresión cuando
vengas cesarán.

***//LLEGARÁ CON LA
LUZ LA ESPERADA
LIBERTAD//.***

Construimos hoy la
paz en la lucha y el
dolor. Nuestro mundo
surge ya en la espera
del Señor.

Te esperamos, Tú vendrás
a librarnos del temor. La
alegría, la amistad, son ya
signo de tu amor.

36.
CANTA JERUSALEN (3).

Este pueblo santo escogido
Por la gracia del Señor
Juntos caminamos en la fe
Que nos conduce a nuestro
Dios.

Eres tú la tierra que
promete a los hombres el
Señor.
Eres la promesa de los
siglos donde nace el
Salvador.

Vives en confianza
esperando
Que algún día seas mejor
Pero tu esperanza se
sostiene
En el Cristo redentor.

Vives la alegría de la vida
Si contigo en tu cuerpo
Sufres en tu cuerpo
Y en tu alma está escrito el
amor.

37.

**CANTANDO CON
ALEGRIA
PORQUE ES NAVIDAD
EL PUEBLO DE DIOS
CAMINA
CON GOZO AL PORTAL.**

Dios ha bajado hasta los
hombres
Para que el hombre suba
hasta Dios
Esta noticia es la alegría
De los sencillos de
corazón.

Dios no valora ciencia ni
plata
Chico ni grande, hombre o
mujer
Dios sólo quiere gente
sencilla
Como a María, como a
José.

Jesús nos pide desde la
cuna
La transparencia del
corazón
Amar a todos con alegría
Somos hermanos en el
Señor.

38.

Cantemos al amor de los
amores
Cantemos al Señor

Dios está aquí, venid
adoradores adoremos
A Cristo redentor.

**GLORIA A CRISTO
JESUS
CIELOS Y TIERRA
BENDECID AL SEÑOR
HONOR Y GLORIA A TI
REY DE LA GLORIA
AMOR POR SIEMPRE A
TI DIOS DEL AMOR.**

Unamos nuestra voz a los
cantares
del coro celestial
Dios está aquí, está porque
nos ama como padre
Amigo y bienhechor.

39.

**CERCA ESTA EL SEÑOR
CERCA ESTA EL SEÑOR
CERCA DE MI PUEBLO
CERCA DEL QUE LUCHA
POR AMOR
CERCA ESTA EL SEÑOR
CERCA ESTA EL SEÑOR
ES EL PEREGRINO
QUE COMPARTE MI
DOLOR.**

También está el Señor, le
conoceréis
en el que lucha por la
igualdad
También está el Señor, le
conoceréis
en el que canta la libertad

También está el Señor,
no olvidéis su voz
sufre el gran dolor del
oprimido.

También está el Señor, le
conoceréis
en el obrero en su taller
También está el Señor, le
conoceréis
en el anciano en su vejez
También está el Señor,
no olvidéis su voz
en el hospital junto al
enfermo.

Jesús es el Señor, le
conoceréis,
Él es la Vida, es la Verdad.
Jesús es el Señor, le
conoceréis,
es el camino de libertad.
Jesús es el Señor, no
olvidéis su voz
es el Redentor de nuestro
pueblo.

40.

**COMIENDO DEL MISMO
PAN,
BEBIENDO DEL MISMO
VINO,
QUERIENDO EN EL
MISMO AMOR,
SELLAMOS TU ALIANZA,
CRISTO.**

La noche de su Pasión

cogió el Pan entre sus
manos y dijo:
"Tomad, comed;
esto es mi cuerpo
entregado".

La noche de su Pasión
cogió el Pan entre sus
manos y dijo:
"Tomad, bebed;
es la Sangre que derramo".

La noche de su Pasión
Nos dio el Señor su
Mandato:
"Amaos unos a otros,
lo mismo que yo os amo".

41.

**COMO BAJA LA LLUVIA
DESDE EL CIELO
A FECUNDAR LA TIERRA
Y NOS DA EL PAN
ASI LLEGA A NOSOTROS
TU PALABRA, SEÑOR
PARA CUMPLIR TU
VOLUNTAD.**

Es tu palabra que siembra
la vida.
Es tu palabra que trae el
perdón.
Es tu palabra que se hizo
un día carne.
Es tu palabra que es fuente
de amor.

Es tu palabra que inspira la
historia.
Es tu palabra que calma la
sed.
Es tu palabra que reta al
que busca.
Es tu palabra que alienta la
fe.

42.
**COMO EL PADRE ME
AMO
YO OS HE AMADO
PERMANECED EN MI
AMOR
PERMANECED EN MI
AMOR.**

Si guardáis mis palabras
y como hermanos os amáis
compartiréis con alegría
el gozo de la fraternidad.
Si os ponéis en camino
sirviendo siempre la
verdad,
fruto daréis en abundancia,
mi amor se manifestará.

No veréis amor tan grande
como aquel que os mostré.
Yo doy la vida por vosotros.
Amad como yo os amé.

Si hacéis lo que os mando
y os queréis de corazón,
compartiréis mi pleno gozo
de amar como Él me amó.

43.
**COMO LE CANTARÉ AL
SEÑOR
COMO LE CANTARÉ
COMO LE CANTARÉ AL
SEÑOR
HOMBRE DE BARRO
SOY.**

Él está en los montes y en
el mar.
El llena el silencio
de la noche en calma
y camina en la ciudad.

No mira en el hombre su
color.
No mira el dinero,
es Padre de todos
y a todos quiere el Señor.

Entre los arroyos de cristal,
las altas montañas,
las flores, los campos
dicen: aquí Dios está.

44.
Con amor te presento,
Señor, lo mejor de mi vida,
te presento, Señor, mi
amistad.
Con amor te presento,
Señor, para ser mi manjar.
La viña, el racimo, el trigal,
el pan de mi hogar
te presento con amor.

Con mis manos abiertas a
Ti, contemplando tu
lámpara, te presento,
Señor, mi esperanza.
Hacia Ti se dirige mi barca,
hacia el cielo se va. Es
largo el camino, el remar,
ruta pascual,
Dios me guía al caminar.

Con mi ofrenda también yo
te doy lo mejor de mis
lágrimas,
Te presento, Señor, mi
dolor. Te presento, Señor,
mi oración, ofertorio de
amor.
El grano enterrado ya es
flor, la espiga oblación, la
semilla redención.

45.

**CON NOSOTROS ESTÁ
Y NO LE CONOCEMOS,
CON NOSOTROS ESTÁ
SU NOMBRE ES EL
SEÑOR (BIS).**

Su nombre es "el Señor" y
pasa hambre,
y clama por la boca del
hambriento;
y muchos que lo ven pasan
de largo,
acaso por llegar temprano
al templo.
Su nombre es "el Señor" y
sed soporta

y está en quien de justicia
va sediento
y muchos que lo ven pasan
de largo,
a veces ocupados en sus
rezos.

Su nombre es "el Señor" y
está desnudo,
la ausencia del amor hiela
sus huesos,
y muchos que lo ven pasan
de largo,
seguros y al calor de su
dinero.
Su nombre es "el Señor" y
enfermo vive,
y su agonía es la del
enfermo,
y muchos que lo saben no
hacen caso,
tal vez no frecuentaba
mucho el templo.

Su nombre es "el Señor" y
está en la cárcel
está en la soledad de cada
preso
y nadie lo visita y hasta
dicen:
"Tal vez ese no era de los
nuestros".
Su nombre es "el Señor", el
que sed tiene
quien pide por la boca del
hambriento
está preso, está enfermo,
está desnudo
pero Él nos va a juzgar por
todo eso.

46.

**CON ESTAS CENIZAS,
SEÑOR, RENUNCIAMOS
AL PECADO.
CON ESTAS CENIZAS,
SEÑOR,
NOS ACERCAMOS A TI.**

Arrepentido, Señor,
caminamos hacia Ti...
Ten piedad, Jesús, porque
somos pecadores…
Desde lo hondo, Señor, hoy
clamamos hacia Ti
Con las oraciones, Señor,
buscamos tu rostro…
Con el ayuno, Señor, se
alimenta el espíritu…
Los cuarenta días,
preparemos nuestra fe…
Arrojemos todo el mal, la
envidia y el odio…

47.

Con mi burrito sabanero
voy camino de Belén (bis).

SI ME VEN, SI ME VEN,
VOY CAMINO DE BELÉN
(BIS).

El lucerito mañanero
ilumina mi sendero (bis).
Con mi cuatrico voy
cantando,
mi burrito va trotando (bis).

48.

**Cordero que quitas, el
pecado del mundo ten
piedad de nosotros, ten
piedad de nosotros (2).**

Cordero de Dios que quitas
el pecado del mundo,
danos la paz, danos la paz.

Danos, danos, danos la paz
(2).

49.

**Cordero de Dios, tú que
quitas el pecado del
mundo, tennos piedad,
tennos piedad (2).**

Cordero de Dios, tú que
quitas el pecado del
mundo, danos la paz,
danos la paz. Danos la paz
(2).

50.

**Cordero de Dios que
quitas, el pecado
del mundo, ten piedad de
nosotros, ten piedad de
nosotros (2).**

Cordero de Dios que
quitas, el pecado
del mundo, ten piedad de
nosotros, y danos la paz, y

danos la paz…. Y danos la paz.

51.

**CORDERO DE DIOS (BIS)
QUE QUITAS EL PECADO
DEL MUNDO.**
TEN PIEDAD DE
NOSOTROS (BIS)
CORDERO DE DIOS (BIS)
QUE QUITAS EL PECADO
DEL MUNDO
DANOS LA PAZ (BIS).

52.

**CORDERO DE DIOS QUE
QUITAS
EL PECADO DE LOS
HOMBRES (BIS)**
TEN PIEDAD DE
NOSOTROS
Y CONCEDENOS LA PAZ
(BIS).

53.

**Cordero de Dios
que quitas el pecado del
mundo
ten piedad de nosotros
(bis)**
Cordero de Dios
que quitas el pecado del
mundo
danos la paz.

54.

**Cordero de Dios, que
quitas el pecado
del mundo, ten piedad, de
nosotros (2)**

Cordero de Dios que quitas
el pecado del
mundo, danos, danos la
paz.
danos, danos la paz.

55.

**Cordero de Dios que
quitas, el pecado del
mundo, ten piedad, ten
piedad, ten piedad de
nosotros (2).**

Cordero de Dios que
quitas, el pecado del
mundo, danos, danos,
danos la paz. Danos la paz.

56.

Agobiado por el tiempo y la
fatiga,
me senté bajo un árbol del
camino,
imploré al Señor que me
librara
de la carga y el yugo de la
vida.

El Señor que sabía mi flaqueza
envió en mi auxilio su Palabra:
*"El camino es largo, pero tienes mi alimento,
el que te hará capaz de continuar."*

CUERPO, QUE ES TU CUERPO, SANGRE, QUE ES TU SANGRE, VINO Y PAN DE VIDA, CRISTO QUE SE DA, QUE VIENE A CAMINAR CONMIGO.

Abatido por ofensas y desprecios,
me detuve una tarde en el camino
y clamé al Señor que me vengara,
que cumpliera con su brazo mi justicia.
El Señor que perdona mis delitos,
ignoró mi insolencia cuando dijo:
*"El camino es largo, pero tienes mi alimento,
el que te hará capaz de perdonar."*

Me dañaron la injusticia y la mentira,
me golpeó la incomprensión de mis hermanos,
supliqué al Señor que me aliviara,
que allanara el camino de mi vida.
El Señor que comprende mis temores,
me mostró las heridas de sus manos:
*"El camino es largo, pero tienes mi alimento,
el que te hará capaz de amar y amar."*

57.

Cristo te necesita para amar, para amar
Cristo te necesita para amar.

**NO TE IMPORTEN LAS RAZAS
NI EL COLOR DE LA PIEL
AMA A TODOS COMO HERMANOS
Y HAZ EL BIEN.**

Al que sufre y al triste dale amor, dale amor
Al que sufre y al triste dale amor

Al que vive a tu lado dale amor, dale amor
Al que vive a tu lado dale amor

Al que habla otra lengua dale amor, dale amor
Al que piensa distinto dale amor.

Al amigo de siempre dale
amor, dale amor
Al amigo de siempre dale
amor.

58.

Cuando escuches la voz
del Señor
Que te está hablando a tu
corazón
No te resistas ni quieras
seguir
Como un rebelde
Porque él está esperando a
la puerta
A que le abras tu corazón
Para entrar y morar junto a
ti
Toda la vida.

**ENTRA JESÚS, TOMA MI
SER
TOMA MI VIDA, ES PARA
TI
Y ENTRE TUS BRAZOS
QUIERO SENTIR
CUANTO ME AMAS.**

59.

//Cuantas veces Señor yo
peque//.

**//MI JESÚS, MI JESÚS,
YO TE PIDO
MIL VECES PERDÓN//.**

Te he clavado, Señor, en la
cruz//.

//Tu tan bueno y yo te
ofendí//
//Me arrepiento Señor, con
dolor.//
//Ten paciencia, soy débil,
Señor//.

60.

Cuantas veces siendo niño
te recé,
con mis besos te decía que
te amaba,
poco a poco con el tiempo,
alejándome de ti,
por caminos que se alejan
me perdí.

**HOY HE VUELTO MADRE
A RECORDAR
CUANTAS COSAS DIJE
ANTE TU ALTAR
Y AL REZARTE PUEDO
COMPRENDER
QUE UNA MADRE NO SE
CANSA DE ESPERAR.**

Al regreso me encendías
una luz,
sonriendo desde lejos me
esperabas,
en la mesa la comida
aún caliente y el mantel
y tu abrazo en la alegría de
volver.

Aunque el hijo se alejara
del hogar,
una madre siempre espera
su regreso.

Que el regalo más hermoso que a los hijos da el Señor es su madre y el milagro de su amor.

61.

Cuanto he esperado este momento
Cuanto he esperado que estuvieras aquí
Cuanto he esperado que me hablaras
Cuanto he esperado que vinieras a mí.

Yo sé bien lo que has vivido
Yo sé bien porque has llorado
Sé bien lo que has sufrido
Pues de tu lado no me he ido.

PUES NADIE TE AMA COMO YO
NADIE TE AMA COMO YO
MIRA LA CRUZ ESA ES MI MÁS GRANDE PRUEBA
NADIE TE AMA COMO YO.
Pues nadie te ama como yo
Nadie te ama como yo
Mira la cruz, fue por ti, fue porque te amo
Nadie te ama como yo.

Yo sé bien lo que me dices

·Aunque a veces no me hables
Sé bien lo que en ti sientes
Aunque nunca lo compartes.

Yo a tu lado he caminado
Junto a ti yo siempre he ido
Aún a veces te he cargado
He sido tu mejor amigo
Pues nadie te ama como yo...

62.

CUERPO, SANGRE, ALMA Y DIVINIDAD
CRISTO VIVO VIENE A DARNOS HOY SU PAN
FUENTE DE LA VIDA PRINCIPIO DEL AMOR
VENGO A RECIBIRTE OH SEÑOR.

El que viene a mí
Nunca tendrá hambre
El que cree en mí
Nunca tendrá sed
El que coma de este pan
Vivirá por siempre
Permanece en mí y yo en él.

Cristo es el pan
Es el pan de vida
Cristo es el pan
Es el pan de vida
Vengo a abrazarte

A entregarme a ti
Caminar contigo en mi vivir.

Cuerpo, sangre, alma y
divinidad
Cristo vivo viene a darnos
hoy su pan
Fuente de la vida
Principio del amor
Vengo a recibirte oh señor
(bis).

Vengo a recibirte oh señor.

63.

Da la mano a tu hermano
da la mano
Da la mano a tu hermano
da la mano
Dale una bienvenida
Dale una fiel sonrisa
Da la mano a tu hermano
da la mano.

64.

De lo malo de ayer hoy me
arrepiento y es por eso que
vengo hasta tu templo.
Hazme nuevo Señor te
pertenezco,
Soy tu hijo también lo
merezco
Señor ten piedad (3) ten
piedad
Cristo ten piedad (3) ten
piedad
Señor ten piedad (3) ten
piedad.

65.

Dame un nuevo corazón
que te alabe noche y día.
Dame un nuevo corazón,
oh, Jesús tú eres mi guía.
Dame un nuevo corazón
y que sea morada tuya.
Dame un nuevo corazón
(bis)
Aleluya.

Haz que pueda renacer
en la fuente de agua viva
haz que pueda renacer
oh Jesús Tú eres la vida.
Haz que pueda renacer
que comience un nuevo
día.
Haz que pueda renacer
(bis) qué alegría.

Quiero amarte mi Jesús,
porque estoy agradecido,
tú me diste tú perdón,
que es un don inmerecido.
Dame un nuevo corazón
y que sea morada tuya.
Dame un nuevo corazón
(bis) Aleluya.

Pronto sé que has de venir
A buscar los escogidos
Y contigo reinarán
Con Jesús eternamente
Es por eso mi Señor
Que te llevo yo por siempre
Dentro de mi corazón
Dentro de mi corazón
Aleluya.

66.

**DANOS UN CORAZÓN
GRANDE PARA AMAR
DANOS UN CORAZÓN
FUERTE PARA LUCHAR.**

Hombres nuevos creadores
de la historia,
constructores de nueva
humanidad.
Hombres nuevos que viven
la existencia
como riesgo de un largo
caminar.

Hombres nuevos luchando
en esperanza,
caminantes sedientos de
verdad.
Hombres nuevos sin frenos
ni cadenas.
Hombres libres que exigen
libertad.

Hombres nuevos amando
sin fronteras,
por encima de razas y
lugar.
Hombres nuevos al lado de
los pobres
compartiendo con ellos
techo y pan.

67.

**DEMOS GRACIAS AL
SEÑOR
DEMOS GRACIAS,
DEMOS GRACIAS AL
SEÑOR (BIS).**
Por las mañanas las aves
cantan
las alabanzas a Cristo el
Salvador (bis).

Y por las tardes los
hombres cantan
las alabanzas a Cristo el
Salvador (bis).

Y por las noches los cielos
cantan
Las alabanzas a Cristo el
Salvador (bis)
Y a todas horas nuestro
amor canta
las alabanzas a Cristo el
Salvador (bis).

68.

**DIOS NOS CONVOCA
VENID Y ESCUCHEMOS
SU VOZ, LA
MESA HA PREPARADO
SU
PAN ES SALVACIÓN,
GRACIAS SEÑOR POR
SER TUS INVITADOS.**

Venid celebrad la palabra,
venid acoged la verdad y
en hermandad cantad la
nueva alianza.

Venid, celebrad la
esperanza, Venid, a la
Cena Pascual
y en hermandad
cantad la nueva alianza.

Venid, celebrad la victoria,
venid, renovad la amistad
y en hermandad, cantad la
nueva alianza.

69.

Despidamos todos juntos al
hermano
Y entonemos en su honor
una oración
Despidamos todos juntos al
hermano
Y entonemos la victoria del
Señor
Entonemos la victoria.

**CRISTO TE DE LA VIDA
Y TE RECIBA EN SU
AMISTAD (BIS).**

Tu familia y amistades hoy
presentes
Te desean que descanses
junto a Dios
Tu familia y amistades hoy
presentes
Te despiden y te cantan el
adiós
Has pronto, hasta el cielo.

70.

**//DEN AL SEÑOR SUS
ALABANZAS
DENLE PODER, HONOR
Y GLORIA
A UNA VOZ CANTEN UN
HIMNO AL SEÑOR//.**

En siete días creó Dios al
mundo.
Adán pecó y perdió el cielo.
Jesús vino para redimirnos,
Murió en la cruz y nos
salvó.

A Moisés Dios dijo: haz mi
pueblo libre.
Yo seré tu guía, siempre
seguidme.
Salidos ya de Egipto y el
mar pasado
Cantaron y bailaron, se
llenaron de júbilo.

Jesús dijo a Pedro: ven te
llamo,
el camino es duro más iré
contigo.
Pedro respondió soy un
pecador,
tiró sus red y hacia el Señor
corrió.

Entrégate hermano al
Señor Jesús, Él te ama,
aunque seas pecador.
El pagó el precio de tu
salvación Y ahora eres una
nueva creación.

71.

//DÉJANOS DISFRUTAR
ETERNAMENTE DE TU
DIVINIDAD, POR EL
MISTERIO DE TU AMOR
TU CUERPO Y SANGRE
SEÑOR//.

Pan que del cielo bajó a
darnos la eternidad.

Pan de Justicia y verdad
que nos alivia el dolor.

Aquel que coma este pan
Ya nunca más morirá.

El Sacramento de amor
Que el mismo Cristo nos
da.

72.

DIOS ESTÁ AQUÍ, QUÉ
HERMOSO ES
EL LO PROMETIO
DONDE HAY DOS O
TRES
QUÉDATE SEÑOR,
QUÉDATE SEÑOR
QUEDATE SEÑOR EN
CADA CORAZÓN
QUÉDATE SEÑOR,
QUÉDATE SEÑOR
QUÉDATE SEÑOR EN MÍ
(AQUÍ, AQUÍ, AQUÍ).

Oh Cristo mío has de mi
alma un altar

para adorarte con
devoción,
para beber el agua de la
vida
y así calmar la sed del
corazón.

El Espíritu de Dios se
mueve,
se mueve, se mueve.
El Espíritu de Dios se
mueve,
dentro de mi corazón.
Ay hermano deja que se
mueva,
se mueva, se mueva.
Ay hermano deja que se
mueva,
dentro de tu corazón.

73.

DIOS ESTÁ AQUÍ
TAN CIERTO COMO EL
AIRE QUE RESPIRAS,
TAN CIERTO COMO LA
MAÑANA SE LEVANTA,
TAN CIERTO COMO QUE
TE CANTO
Y ME PUEDES OÍR (2).

Lo puedes buscar
mirando al que tienes al
lado;
lo puedes hallar
muy dentro de tu corazón.
(Bis).

Lo puedes mirar en toda la
naturaleza,

lo puedes sentir en la rosa
de tu jardín,
lo puedes oír en el río que
viene de arriba,
lo puedes sentir: está
dentro de tu corazón.

Lo puedes amar
en los jóvenes que están
presente
lo puedes querer en los
niños que tienes aquí,
lo puedes mirar
en los hombres que están a
tu lado
lo puedes sentir: está
dentro de tu corazón.

74.

Doce hombres, y el
Maestro;
doce panes, y la vida; doce
copas, y la Alianza, se
mezclaban aquel día.

**DONDE JESÚS
LAVÁNDOLES LOS PIES
LES ENSEÑABA LO QUE
ES LA VIDA.
DONDE JESÚS
DERRAMANDO SU
SANGRE, LES
PERDONABA SU
MALDAD VIVIDA.
EUCARISTÍA...**

Muchos hombres, un
Maestro;
muchos panes, una vida;
muchas copas,
una Alianza, se comparten
hoy en día.

**DONDE JESÚS CON SU
RESURRECCIÓN,
SÓLO NOS PIDE
AMARNOS SIEMPRE Y
SIN MEDIDA; DONDE
JESÚS CON SU
EUCARISTÍA
NOS DA LA GRACIA DE
LA NUEVA VIDA.
EUCARISTÍA...**

Un cordero, el Maestro;
una ofrenda, la vida; una
muerte,
el camino, forman nuestra
Eucaristía.

**DONDE JESÚS SE HACE
CARNE VIVA Y NOS LA
OFRECE COMO PAN
DE VIDA.
DONDE JESÚS NOS
BAÑA CON SU SANGRE
Y NOS LA OFRECE
COMO
ALIANZA NUEVA.**

*Eucaristía, Eucaristía,
La gracia Santa de su paz
Eucaristía, Eucaristía,
Signo sagrado de unidad
Eucaristía, Eucaristía,
Presencia viva de Jesús.*

Eucaristía, Eucaristía,
El don más grande del amor
Del Amor, de Dios.

75.
DONDE HAY CARIDAD Y AMOR
ALLÍ ESTÁ EL SEÑOR
ALLÍ ESTÁ EL SEÑOR.

Una sala y una mesa
Una copa, vino y pan
Los hermanos compartiendo
En amor y en unidad
Nos reúne la presencia
Y el recuerdo del señor
Celebramos su memoria
Y la entrega de su amor.

Invitados a la mesa
Del banquete del señor
Recordamos su mandato
Recibido en el amor
Comulgamos en el cuerpo
Y en la sangre que él nos da
Y también en el hermano
Si lo amamos de verdad.

Este pan que da la vida
Y este cáliz de salud
Nos reúne a los hermanos
En el nombre de Jesús.
Anunciamos su memoria
Celebramos su pasión
El misterio de su muerte
Y de su resurrección.

76.
EL ALZAR DE MIS MANOS, SEÑOR, SUBA A TI, COMO OFRENDA DE LA TARDE.
Y EL CLAMOR DE MI HUMILDE
ORACIÓN SUBE A TI, COMO INCIENSO EN TU PRESENCIA.

Coloca, Señor, una guardia en mi boca, un centinela a la puerta de mis labios y no dejes, Señor, que se incline a la maldad mi corazón.

Mis ojos, Señor, están vueltos a ti. En ti me refugio, no me abandones. Guárdame del lazo que me han tendido, líbrame de la trampa del malhechor.

77.

El camino que lleva a Belén baja hasta el valle que la nieve cubrió.
Los pastorcillos quieren ver a su Rey.
Le traen regalos en su humilde zurrón.
Ro po pom pom, ro po pom pom…

Ha nacido en un portal de Belén, el niño Dios.

Yo quisiera poner a tus pies,
algún presente que te agrade Señor,
más tú ya sabes que soy pobre también
y no poseo más que un viejo tambor.
Ro po pom pom, ro po pom pom…
En tu honor junto al portal tocaré con mi tambor.

El camino que lleva a Belén,
yo voy marcando con mi viejo tambor.
Nada hay mejor que yo te pueda ofrecer
su ronco acento es un canto de amor,
Ro po pom pom, ro po pom pom…
Cuando Dios me vio tocando ante él me sonrió.

78.

El Espíritu de Dios está en este lugar
El Espíritu de Dios se mueve en este lugar
Está aquí para consolar
Está aquí para liberar
Está aquí para guiar
El Espíritu de Dios está aquí (bis).

Muévete en mí, muévete en mí
Toca mi mente y mi corazón
Llena mi vida de todo tu amor.
Muévete en mí Dios Espíritu
Muévete en mí (bis).

79.

El Señor nos ha reunido junto a él, el señor nos ha invitado a estar con él.

//EN SU MESA HAY AMOR. LA PROMESA DEL PERDÓN
Y EN EL VINO Y PAN SU CORAZÓN//.

cuando, señor, tu voz
llega en silencio a mí
y mis hermanos me hablan
de ti sé que a mi lado
estas te sientas junto a mi
acoges mi vida y mi oración.

80.

EL SEÑOR ES MI PASTOR
LA VIDA HA DADO POR MI
YO SU VOZ HE DE ESCUCHAR
Y SUYO SIEMPRE SERE.

Yo soy el buen pastor
doy la vida a mis ovejas.
Por su nombre yo las llamo
y con gran amor me siguen.

Yo no soy el mercenario
que abandona a las ovejas
cuando ve venir al lobo
que las mata y las dispersa.

Yo conozco mis ovejas
y ellas también me
conocen.
Como el Padre me conoce
yo también conozco al
Padre.

Tengo otras ovejas lejos
y es preciso que las traiga.
Mi llamada escucharán
y se hará un solo rebaño.

Mis ovejas mi voz oyen
y me siguen por doquiera.
Yo les doy la vida eterna.
Ellas no verán la muerte.

81.

**EL SEÑOR OS DARA
SU ESPIRITU SANTO
YA NO TEMAIS
ABRID EL CORAZON
DERRAMARA TODO SU
AMOR (BIS).**

El transformará hoy vuestra
vida,
os dará la fuerza para
amar.

No perdáis vuestra
esperanza,
Él os salvará.
Él transformará todas las
penas.
Como hijos os acogerá.
Abrid vuestros corazones,
a la libertad.
Fortalecerá todo cansancio,
si ahora dejáis que os dé
su paz.
Brotará vuestra alabanza,
Él os amará.
Os inundara de un nuevo
gozo,
por el don de la fraternidad.
Abrid vuestros corazones,
a la libertad.

82.

El Señor resucitó
Venciendo la
muerte en la cruz
Nuestra esperanza
está en Él
Él es nuestro
Salvador.

**Somos testigos de la
resurrección
Él está aquí,
está presente es vida y es
verdad
Somos testigos de la
resurrección
Él está aquí,
su espíritu nos mueve
para amar.**

Atrás quedó el temor
La duda y la poca fe
Hagamos ya realidad
Un reino nuevo de amor.

Tú nos reúnes Señor,
En torno al cáliz y al pan
Y nos invitas a ser
La luz del mundo y la sal.

Donde haya odio y dolor
Haremos presente tu paz
En cada gesto de amor
María, Madre estará.

83.

El trece de mayo la Virgen
María
bajó de los cielos a Cova
de Iría.

**AVE, AVE, AVE MARIA
(2).**

A tres pastorcillos la Madre
de Dios
descubre el misterio de su
corazón.

Rezad el rosario, la tierna
oración,
la paz traigo al mundo en
mi corazón.

Cantemos, cantemos, con
fe y devoción:
que reine, oh María, tu gran
corazón.

María es un templo que
Dios consagró;
su altar y su trono, tu fiel
corazón.

84.

En Caná de Galilea, el vino
faltó
María dijo que hicieran
lo que mandara el Señor.

**El Consejo de María
es obedecer a Dios (bis).**

Si en tu vida falta el vino,
si se te acabó el amor
haz lo mismo que María
corre a buscar al Señor.

Si se acabó tu alegría
sí solo tienes dolor
haz lo mismo que María
corre a buscar al Señor.

85.

En el nombre del Padre,
en el nombre del Hijo,
en el nombre del Santo
Espíritu,
estamos aquí.

Para alabar y agradecer,
bendecir y adorar,
estamos aquí
a tu disposición
Para alabar y agradecer,
bendecir y adorar,
estamos aquí Señor
Dios Trino de amor.

86.

Empieza un nuevo
tiempo un nuevo
despertar. Vamos
hermanos, vamos a
cosechá' que en nuestro
campo la
tierra a punto está, pa'
dar su fruto, ay' ombe,
fruto de unidad.

Vamos cantando, ajé,
alegre'
a saloma' trabajando
juntos y en solidaridad,
que hoy una fiesta
vamos a prepara' con
alegría ay' ombe y en
comunidad.

//VAMOS, HERMANOS A
CELEBRAR QUE
NUESTRA FIESTA HA
EMPEZADO YA VEN QUE
LA MESA VAMO' A
ARREGLA' PA' QUE
COMAMOS EN
HERMANDAD. VEN QUE
JESÚS NOS QUIERE
INVITAR A COMPARTIR
TODOS VINO Y PAN Y EN
ESTA FIESTA LE VAMO'
A DA' EL CORAZÓN DE
ESTE PANAMÁ//.

Todos los dones de esta
tierra sin igual son para ti,
mi Dios los vamos a
ofrendar. Queremos darte
nuestra vida y nuestro
amor, este es tu pueblo ay'
ombe, tómalo Señor.

Este es un nuevo tiempo
para comenzar, un
nuevo milenio una nueva
cristiandad. Vamos,
hermanos, vamos a
trabajar todos con Cristo
ay' ombe por mi
Panamá.

87.

En este mundo que Cristo
nos da
Hacemos la ofrenda del
pan
El pan de nuestro trabajo si
fin
Y el vino de nuestro cantar
Traigo ante ti nuestra justa
inquietud
Amar la justicia y la paz.

SABER QUE VENDRAS
SABER QUE ESTARAS
PARTIENDO A LOS
POBRES
TU PAN (BIS).

La sed de todos los
hombres sin luz
La pena y el triste llorar
El hambre de los que
mueren sin fe
Cansados de tanto luchar
En la patena de nuestra
oblación

Acepta la vida señor.

88.

**//EL CUERPO DE CRISTO,
AMÉN.
LA SANGRE DE CRISTO,
AMÉN.
DICHOSOS, PUES
SOMOS INVITADOS, A LA
CENA DEL SEÑOR//.**

Heridos y necesitados,
a ti acudimos, Señor.
A cambio de nuestra
miseria, Tú nos das salud y
bienestar.

Los pobres y oprimidos,
quejándonos en soledad,
en ti encontramos
consuelo,
en ti alcanzamos salvación.

Hoy somos al fin
confortados, tenemos
refugio fiel, aquí en el altar
de tu templo,
Aquí es nuestra
casa también.

y renovada la esperanza,
reafirmada nuestra fe;
buscamos vivir la promesa
de Cristo Jesús su
resurrección.

89.

**ENTRE TUS MANOS
ESTÁ MI VIDA, SEÑOR
ENTRE TUS MANOS
PONGO MI EXISTIR.
HAY QUE MORIR PARA
VIVIR.
ENTRE TUS MANOS
CONFIO MI SER.**

Si el grano de trigo no
muere,
si no muere, sólo quedar´,
pero si muere, en
abundancia dará
un fruto eterno que no
morirá.

Si la vida al arder se gasta
las tinieblas iluminará,
será camino entre las
sombras del mal,
será sendero en mi
caminar.

90.

El pan que compartimos
en esta eucaristía
es signo permanente de
amor y de unidad.
En él se nos ofrece en
forma
de comida, aquel que con
su muerte nos devolvió la
vida y nos dio la libertad.
Unidos como hermanos
formando un solo cuerpo,
con gozo celebremos la
pascua del Señor.

Él es para nosotros el pan
que da la vida,
la víctima elegida, que
derramó su sangre por
nuestra salvación.

Qué suene eternamente un
canto de alabanza, que
todas las naciones
conozcan su bondad, que
sea proclamado por todas
las edades, que no tiene
medida ni su misericordia ni
su fidelidad.

91.

Eran cien ovejas que un
pastor tenía
Eran cien ovejas que a
pastar sacó
Sucedió una tarde que al
contarlas todas
Le faltaba una, le faltaba
una
Y triste lloro.

**LAS NOVENTA Y NUEVE
DEJO EN EL APRISCO
Y POR LAS MONTAÑAS
A BUSCARLA FUE
LA ENCONTRÓ
GIMIENDO
TEMBLANDO DE FRÍO
CURO SUS HERIDAS
LA PUSO EN SUS
HOMBROS
Y AL REDIL VOLVIO.**

Esta misma historia vuelve
a repetirse
Hay muchas ovejas que sin
rumbo van
Con el alma rota van por
los collados
Temblando de frío vagando
en el mundo
Sin Dios y sin fe.

Yo era esa oveja que
andaba perdida,
lejos de mi Cristo, lejos de
Jesús,
pero un día el Maestro me
tendió su mano,
me tomó en sus brazos,
ungió mis heridas
y al redil volví.

92.

Estás aquí, aunque no te
pueda ver
pues escondes tu gloria y
majestad.
Estás aquí revestido
solamente del amor
bajo la forma de un Pan.
Con sencillez, te me vienes a
entregar
y en mi interior vas
haciendo maravillas,
corazón con corazón, en
profunda comunión, me
haces templo de la Santa
Trinidad.

VEN Y CENA CONMIGO,
VEN Y MORA EN MI
HOGAR,
VEN Y NUNCA ME
DEJES,
PUES SIN TI ME
MORIRÍA.
ME HAS HERIDO CON TU
AMOR,
VEN Y MORA EN MI
INTERIOR,
DE TI QUIERO
COMULGAR SEÑOR, DE
TI QUIERO COMULGAR
SEÑOR.

93.

Escuchamos tu voz Señor,
que nos habla de una vida
en libertad.
De tu mano vamos, Señor,
peregrinos unidos en
comunidad.

Tu presencia fuerza nos da,
es la prueba de que junto a
nosotros vas,
de que eres un Dios de
amor
el Dios fiel que jamás nos
abandonará.

**Y POR ESO CANTAMOS
HOY,
QUE TÚ ERES CAMINO,
VERDAD Y VIDA.
Y CREEMOS QUE ERES
SEÑOR,**

AYER, HOY Y HASTA EL
FINAL DE LOS DÍAS (2).

Es la historia de un pueblo
que
caminando por dos mil años
va hacia ti,
que a pesar de su
humanidad
no desmaya, pues Tú lo
llamas a seguir.

Es la Iglesia tu pueblo que
se reúne confiando siempre
en tu perdón,
y entre el gozo y el dolor
continuamos la obra de tu
salvación.

94.

Eucaristía misterio de
amor, Eucaristía comida de
Pan
Hoy te comemos en esta
mesa, Hoy nos unimos al
comulgar.

**//VEN SÁCIATE VEN AL
ALTAR. DIOS ES COMIDA
QUE SE NOS DA//.**

Eucaristía es un regalo
Eucaristía es un gran don.
En esta misa lo celebramos
Todos unidos en comunión
Tu vida joven tiene sentido,
Cuando te acercas a
comulgar
En esta fiesta Cristo te

invita
Dios es comida comparte tu
Pan.

95.

//ESTE ES EL DÍA DEL SEÑOR, ESTE ES EL TIEMPO DE LA MISERICORDIA//.

Delante de tus ojos, ya no
enrojeceremos, a causa del
antiguo pecado de tu
pueblo.
Arrancaras de cuajo el
corazón soberbio y harás
un pueblo humilde de
corazón sincero.

En medio de las gentes,
nos guardas como un resto
para cantar tus obras y
adelantar tu reino.
Seremos raza nueva para
los cielos nuevos,
sacerdotal estirpe según tu
primogénito.

Caerán los opresores, y
exultarán los ciervos, los
hijos del oprobio serán tus
herederos.
Señalaras entonces, el día
del regreso para los que
comían
su pan en el desierto.

Exulten mis extrañas,
alégrese mi pueblo, porque
el Señor
que es justo revocara sus
decretos.
La salvación se anuncia,
donde asecho el infierno
porque el Señor habita en
medio de su pueblo.

96.

Espíritu de Dios, llena mi
vida,
llena mi alma, llena mi ser
(bis).

Lléname, lléname con tu
presencia,
lléname, lléname con tu
poder,
lléname, con tu bondad
(bis).

97.

ESPÍRITU SANTO, VEN, VEN.
ESPÍRITU SANTO, VEN, VEN.
ESPÍRITU SANTO, VEN, VEN.
EN EL NOMBRE DE JESÚS.

Acompáñame, condúceme,
toma mi vida.
Santifícame, transfórmame.
ESPÍRITU SANTO, VEN.

Resucítame, conviérteme,
todos los días.

Glorifícame, renuévame.
ESPÍRITU SANTO, VEN.
Fortaléceme, consuélame
en mis pesares.
Resplandéceme, libérame.
ESPÍRITU SANTO, VEN.

98.
**ESTAMOS DE FIESTA
CON JESUS
AL CIELO QUEREMOS IR
ESTAMOS REUNIDOS EN
LA MESA
Y ES CRISTO QUIEN VA
A SERVIR
PODEROSO ES
NUESTRO DIOS
PODEROSO ES
NUESTRO DIOS.**

Él sana, Él salva
Poderoso es nuestro Dios
Bautiza, Él viene
Poderoso es nuestro Dios.

**PODEROSO ES
NUESTRO DIOS (4).**

El Padre, el Hijo
Poderoso es nuestro Dios
Espíritu Santo
Poderoso es nuestro Dios.

**PODEROSO ES
NUESTRO DIOS (4).**

99.
ESTE ES EL DÍA

**EN QUE ACTUÓ EL
SEÑOR
SEA NUESTRA ALEGRIA
Y NUESTRO GOZO
DAD GRACIAS AL
SEÑOR
PORQUE ES BUENO
PORQUE ES ETERNA
SU MISERICORDIA
ALELUYA, ALELUYA.**

Que lo diga la casa de
Israel
Es eterna su misericordia
Que lo diga la casa de
Aarón
Es eterna su misericordia
Que lo digan los fieles del
Señor
Es eterna su misericordia.

Escuchad: hay cantos de
victoria
En las tiendas de los justos
La diestra del señor es
poderosa
Es excelsa la diestra del
Señor
No moriré continuaré
viviendo
Para contar lo que el Señor
ha hecho.

La piedra que desecharon
los constructores
Es ahora la piedra angular
Esto es obra de la mano
del Señor
Es un milagro patente

Esto es obra de la mano
del Señor
Es un milagro patente.

100.

Este es el momento
De alegrar la mesa
Con el vino y con el pan
Que consagraremos y que
ofreceremos
Y que hemos de comulgar
Este es el momento
De llegar confiados
A la mesa del altar
Porque tu palabra
vivificadora
Nos acaba de llamar.

**PADRE DE JESÚS
BENDICE
LO QUE PRESENTAMOS
HOY
Y QUE AL PREPARAR LA
MESA
SE RENUEVE EL GOZO
DE TENER TU AMOR
Y QUE AL PREPARAR LA
MESA
SE RENUEVE EL GOZO
DE TENER TU AMOR.**

Pan de nuestras vidas
Pan de nuestras manos
Pan de nuestra juventud
Pan que hoy entregamos
Juntos como hermanos
En señal de gratitud
Vino de la tierra
Buena y generosa

Vino que ofrecemos hoy
Lleva nuestras luchas
Lleva nuestras penas
Lleva nuestra sed de amor.

101.

Evangelio es decir amigo
es decir hermano,
Evangelio es darte mi
tiempo, es darte mi mano.
Evangelio es mirarte a los
ojos es reír contigo,
*//es compartir tu pena, es
llevarte a Cristo//.*

Evangelio es llevar la paz
siempre contigo
Evangelio es amar de balde
hasta caer rendido
Evangelio es decir "te amo"
a tu enemigo
*//abandonar tu vida en
manos de Cristo//.*
Evangelio es vivir como un
pobre que todo lo espera.
Evangelio es mirar al cielo
con ojos de niño.
Evangelio es dar gracias al
Padre al nacer el día
*//y continuar cantando al
hacer camino//.*

Evangelio es sembrar
libertad es vivir unidos.
es llevar la esperanza a un
mundo que llora perdido.
Evangelio es romper
cadenas es abrir sepulcros.

////No lo busques muerto
que está entre los
vivos/////.

102.

**ESTE PAN Y VINO
SEÑOR
SE TRANSFORMARÁN
EN TU CUERPO Y
SANGRE SEÑOR
EN NUESTRO MANJAR
(BIS).**

Gracias al sol y al labrador
En el altar florecen hoy
Las espigas, los racimos
Que presentamos a Dios.
Lo que sembré con mi dolor
Lo que pedí en mi oración
Hoy son frutos, son
ofrendas
Que presentamos a Dios.

103.

Esto que te doy, es vino y
pan Señor
Esto que te doy es mi
trabajo
Es mi corazón mi alma
Es mi cuerpo y mi razón
El esfuerzo de mi caminar.

**TOMA MI VIDA, PONLA
EN TÚ CORAZÓN
DAME TU MANO Y
LLÉVAME
CAMBIA MI PAN EN TU
CARNE**

**Y MI VINO EN TU
SANGRE
Y A MÍ SEÑOR
RENUÉVAME
LÍMPIAME Y SÁLVAME.**

Esto que te doy mi vida es
Señor
Es mi amor, también es mi
dolor
Es la ilusión, mis sueños
Es mi gozo y mi llorar
Es mi canto y mi oración.

Esto que te doy no sólo yo
Señor
Esta voz también es de mi
hermano
Es la unión, la paz, el orden
La armonía y felicidad
Es un canto en comunidad.

104.

**ESTOY PENSANDO EN
DIOS,
ESTOY PENSANDO EN
SU AMOR (BIS).**

Olvida el hombre a su
Señor
y poco a poco se desvía,
y entre angustia y cobardía
va perdiéndose el amor;
Dios le habla como amigo,
huye el hombre de su voz.

Yo siento angustia cuando
veo

que después de dos mil años,
y entre tantos desengaños,
pocos viven por amor;
muchos hablan de esperanza
más se alejan del Señor.
Todo podría ser mejor
si mi pueblo procurase
caminar sin alejarse
del camino del Señor;
pero el hombre no hace suyos
los senderos del amor.

Todo podría ir mejor
sí en fervor y en alegría
fuesen las madres María
y los padres San José,
y sus hijos imitasen
a Jesús de Nazaret.

105.

**ESTRECHEMONOS LAS MANOS
EN SEÑAL DE AMISTAD (BIS)
SERA CRISTO QUIEN TE RESPONDA
SERA SU MANO LA QUE TENDRAS (BIS).**

106.

Gloria a Dios en el cielo: y en la Tierra paz al hombre.

Gloria a Dios y paz al hombre al hombre que ama al Señor, por tu inmensa Gloria te alabamos y te bendecimos y nosotros te glorificamos, dándote las gracias.

Señor, Dios Rey Celestial, Dios Padre Todopoderoso Señor Hijo único Jesús. Señor Dios Cordero de Dios.
//Hijo del Padre, Cordero de Dios//.

Tú que quitas el pecado de este mundo ten piedad, Tú que quitas el pecado atiende nuestra oración.

Tú que estas sentado a la diestra del Padre Eterno, ten piedad de mí, porque solo tu eres Santo solo tu Señor, solo tu Altísimo solo tu Jesús. Y Tú y el Santo Espíritu en la Gloria de Dios. Amen.

107.

GLORIA A DIOS EN EL CIELO
Y EN LA TIERRA PAZ
A LOS HOMBRES DE
BUENA VOLUNTAD
TE ALABAMOS, TE
BENDECIMOS
TE ADORAMOS, TE
GLORIFICAMOS
TE DAMOS GRACIAS
POR TU INMENSA
GLORIA
SEÑOR DIOS REY
CELESTIAL
DIOS PADRE
TODOPODEROSO
SEÑOR HIJO UNICO,
JESUCRISTO
**SEÑOR DIOS CORDERO
DE DIOS**
HIJO DEL PADRE,
**TÚ QUE QUITAS EL
PECADO DEL MUNDO**
TEN PIEDAD DE
NOSOTROS,
**TÚ QUE QUITAS EL
PECADO DEL MUNDO**
ATIENDE NUESTRA
SUPLICA
**TÚ QUE ESTAS
SENTADO**
A LA DERECHA DEL
PADRE
TEN PIEDAD, TEN
PIEDAD DE NOSOTROS
**PORQUE SOLO TU ERES
SANTO**
SOLO TÚ SEÑOR,

SOLO TÚ ALTISIMO
JESUCRISTO
**CON EL ESPIRITU
SANTO**
EN LA GLORIA DE DIOS
PADRE AMEN
DE DIOS PADRE. AMEN.

108.

Gloria a Dios en el cielo
Y en la tierra paz a los
hombres (bis).

**POR TU INMENSA
GLORIA
HOY TE ALABAMOS
TE BENDECIMOS
TE DAMOS GRACIAS
TE GLORIFICAMOS
Y TE ADORAMOS
SEÑOR REY CELESTIAL.**

Señor Rey Celestial
Y Dios Padre Poderoso (bis).

Señor Hijo Jesucristo,
Cordero de nuestro Dios
(bis).

Los pecados quitas del
mundo Señor
Atiende a nuestra súplica
(bis).
Porque tú sólo eres Santo
Altísimo Jesucristo (bis).

En la gloria de Dios Padre
Con el Espíritu Santo (bis).

109.

Gloria a Dios en el cielo
Y en la tierra paz a los
hombres (bis).

**POR TU INMENSA
GLORIA
HOY TE ALABAMOS
TE BENDECIMOS Y
TE ADORAMOS
TE GLORIFICAMOS
TE DAMOS GRACIAS
SEÑOR REY CELESTIAL.**

Señor Rey Celestial
Y Dios Padre Poderoso (bis).

Señor Hijo Jesucristo,
Cordero de nuestro Dios
(bis).

los pecados quitas del
mundo Señor
Atiende a nuestra súplica
(bis).
Porque tú sólo eres Santo
Altísimo Jesucristo (bis).

En la gloria de Dios Padre
Con el Espíritu Santo (bis).

110.

**EN LAS ALTURAS
GLORIA AL SEÑOR
Y EN TODAS LAS
NACIONES
AL HOMBRE PAZ (BIS).**

Te alabamos te
bendecimos
Te adoramos Padre y
Señor
Por tu gloria te damos
gracias
Oh Cordero de nuestro
Dios.

Tu Jesús el pecado quitas
Y al mundo le ofreces
perdón
Ten piedad hoy te
suplicamos
Y recibe nuestra oración.

Porque solo tú eres el justo
A la derecha del creador
Y con el espíritu santo
En la gloria eterna de Dios.

111.

Gloria a Dios en el cielo
y su paz al que lo ama (bis).

**POR TU INMENSA
GLORIA
TE ALABAMOS TODOS
TE ADORAMOS TODOS
TE GLORIFICAMOS.**

Señor rey celestial
y Dios padre poderoso
(bis).

Señor hijo Jesucristo,
cordero de nuestro Dios
(bis).

Tú que quitas el pecado
apiádate de nosotros (bis).

Porque tú sólo eres santo
altísimo Jesucristo (bis).

En la gloria de Dios Padre
con el espíritu santo (bis).

112.

Gloria a Dios en las alturas
y en la tierra paz a todos
los hombres de buena
voluntad hoy te alabamos y
te bendecimos.

**//POR TU INMENSA
GLORIA TE ALABAMOS
PADRE. POR TU
INMENSO AMOR ERES
LO MÁS GRANDE//.**

Señor Dios Poderoso, del
hombre Creador, tú que
quitas el pecado, de todos
nosotros, te pedimos
Señor, de tu pueblo ten
piedad.

Jesucristo Señor nuestro,
hijo de Dios Padre, solo tú
eres Santo, solo tu Señor,
Altísimo Jesucristo,
Cordero de Dios.

Con el Espíritu Santo,
permaneces con nosotros,
que nos comunica, con
Dios nuestro Padre.

113.

Gloria a Dios, Gloria a Dios
Gloria al Padre (bis).

A él le sea la Gloria (bis)
Aleluya, amén (bis).

Gloria a Dios, Gloria a Dios
Gloria al Hijo (bis).
A él le sea la Gloria (bis)
Aleluya, amén (bis).

Gloria a Dios, Gloria a Dios
Espíritu Santo (bis).

A él le sea la Gloria (bis)
Aleluya, amén (bis)
Aleluya, amén (bis).

114.

**//GLORIA EN EL CIELO
AL DIOS ETERNO Y EN
LA TIERRA A LOS
HOMBRES PAZ//.**

Te alabamos, te
bendecimos,
te adoramos, te damos
gracias. Te damos gloria
Dios Poderoso Rey
Celestial Padre de Bondad.

Jesucristo Único Hijo,
Señor Cordero de Dios,
Hijo del Padre quita los
pecados oye nuestros
ruegos ten piedad.

A la derecha Tú estás
sentado, eres el santo, eres
Señor.
Recibe gloria, oh
Jesucristo,
con el Espíritu y el Padre
Celestial.

115.
**GLORIA, GLORIA,
ALELUYA,
GLORIA, GLORIA,
ALELUYA,
GLORIA, GLORIA,
ALELUYA,
EN NOMBRE DEL
SEÑOR.
(EL SEÑOR RESUCITÓ).**

Gloria a Dios en las alturas
y en la tierra al hombre paz.
A ti, el Padre poderoso
tributamos todo honor,
por tu gloria y tu poder
por tu gloria y tu lealtad.
¡Oh Dios, Rey celestial!

Señor Nuestro Jesucristo,
Señor, Cordero de Dios,
el pecado de este mundo
por tu sangre se borró.
Nuestras súplicas atiende,
Hijo único de Dios.
¡Altísimo Señor!

Porque sólo Tú eres santo,
sólo Tú Rey y Señor,
Jesucristo poderoso
que compartes todo honor

con el Padre siempre
eterno
y el Espíritu de amor
¡Un único Señor!

116.
**GLORIA, GLORIA
GLORIA AL SEÑOR
GLORIA EN EL CIELO
GLORIA EN LA TIERRA.**

Te alabamos, Señor
Te bendecimos
Te adoramos oh Padre
Dios y Rey Celestial

Eres Cordero de Dios
Hijo del Padre
Tu nos perdonas y salvas
Nos ofreces tu amor.

Tu solo Santo y Señor
Tu Jesucristo
Con el Espíritu Santo
En la gloria de Dios.

117.
Gracias por tu presencia.
Gracias por tu amor.
Por haberme dado la razón
de seguir.
Gracias por amarme así.
Gracias por tu ternura
al verme llorar.
Cuando estuve lejos
supiste esperar,
y no te olvidaste de mí.

QUIERO QUE SEPAS
QUE LA VIDA
ES MAS BONITA JUNTO
A TI
QUE DESDE QUE YO TE
CONOZCO
HE SIDO TAN FELIZ
MOVISTE DENTRO DE MI
ALMA
LO QUE ESTABA MAL
Y ME HICISTE
REGRESAR.

Gracias por tu palabra y por
tu amistad.
Gracias por las pruebas
que me hacen pensar
que sin ti no puedo estar
Gracias por regalarme, tu
perdón, Señor,
por haber dudado que
estabas aquí
y por olvidarme de ti.

118.

Habla Señor, que tu hijo
escucha
Habla Señor, que quiero
escuchar.
Habla Señor, danos tu
mensaje
Habla Señor, danos tu
verdad.

119.

HACIA TI MORADA
SANTA
HACIA TI TIERRA DEL
SALVADOR
PEREGRINOS,
CAMINANTES,
VAMOS HACIA TI.

Venimos a tu mesa,
sellaremos tu pacto,
comeremos tu carne,
tu sangre nos limpiará.
Reinaremos contigo
en tu morada santa
beberemos tu sangre
tu fe nos salvará.

Somos tu pueblo santo,
que hoy camina unido,
tú vas entre nosotros,
tu amor nos guiará.
Tú eres el camino,
tú eres la esperanza,
hermano de los pobres.
Amen, aleluya.

120.

Hay momentos
que las palabras no
alcanzan
para decirte lo que pienso
a ti, mi buen Jesús (bis).

Te agradezco
por todo lo que has hecho,
por todo lo que hacer,
por todo lo que harás (bis).

121.

Hazme un instrumento de tu
paz
donde haya odio lleve yo tu
amor
donde haya injuria tu
perdón señor
donde haya duda fe en ti.

Hazme un instrumento de
tu paz
que lleve tu esperanza por
doquier
donde haya oscuridad lleve
tu luz
donde haya pena tu gozo
señor.

**Maestro ayúdame a
nunca buscar
querer ser consolado
como consolar
ser entendido como
entender
ser amado como yo amar.**

Hazme un instrumento de
tu paz
es perdonando que nos das
perdón
es dando a todos como tú
nos das
y muriendo es que
volvemos a nacer.

Hazme un instrumento de
tu paz
que lleve tu esperanza por
doquier

donde haya oscuridad lleve
tu luz
donde haya pena tu gozo
señor.

122.

Hijo mío pide, no ves que
estoy aquí
Hijo mío pide, te lo vuelvo
a repetir.

Dime lo que a ti te pasa
Dime hoy lo que tú sientes
Que lo quiero yo sentir.
Que no hay nada en este
mundo
Ni siquiera el mar profundo
Que no haría yo por ti (bis).

Hijo mío pide (2)
Que si esta es su voluntad
Mi Padre te lo da, pero solo
pide.

Sanación es lo que pides
Salvación es lo que pides
Mi Padre te lo da
Si por fe tú me lo pides
La confianza lo consigue
Pero pídemelo ya.

Dime lo que a ti te pasa
Dime hoy lo que tú sientes
Que lo quiero yo sentir.

Que no hay nada en este
mundo
Ni siquiera el mar profundo
Que no haría yo por ti (bis).

Hijo mío pide (2)
Que si esta es mi voluntad
El Padre te lo da, pero solo
pide.

Hijo mío pide (2)
Que si esta es su voluntad
Mi Padre te lo da, pero solo
pide.

123.

**//HAY QUE ALLANAR
LAS SENDAS DE LA VIDA
PORQUE EL SEÑOR
ESTÁ CERCA//.**

Los ojos de los ciegos se
han despegado, las
lenguas de los mudos
cantan tu gloria,
los cojos han saltado como
los siervos; todo quiere
hacerse vida.

Estad siempre alegres en el
Señor, sed fieles y
constantes en el orar,
guardaos de maldades y de
desprecios; Dios cumple
sus promesas.

Si quieres que se cumplan
las profecías, si quieres ver
la gloria de tu Señor, si
quieres que tu Dios venga
a visitarte; cuida y limpia
tus caminos.

124.

HONOR Y GLORIA A TI
SEÑOR JESUS (BIS)
HONOR Y GLORIA A TI
(BIS).

125.

Hoy a la tierra el cielo envía
Una capilla angelical
Trayéndonos paz y alegría
Cantando el himno triunfal.

**GLORIA
A DIOS EN EL CIELO (BIS).**

Viene a anunciar el
nacimiento, de nuestro
amable Redentor
Colmados de
agradecimiento, digamos
todos con fervor

Unos pastores que
velaban, en la pradera de
Belén
Vieron Querubes que
entonaban, cantares para
nuestro bien.

Gloria, decían con voz
suave, Gloria a Jesús Rey
del amor
Paz en la tierra a aquel que
sabe, Servir a Dios con
santo ardor.

126.

**HOY VENIMOS A TU CASA
A CANTARTE OH SEÑOR
HOY VENIMOS A TU CASA
A DARTE GRACIAS SEÑOR.**

compartimos tu mesa en unión fraternal y cantamos todos juntos gracia gracias Señor.

En tu Cena Pascual, comeremos tu cuerpo beberemos tu Sangre, gracias, gracias Señor.

127.

Hoy el Señor resucitó
y de la muerte nos libró.
Alegría y paz, hermanos,
que el Señor resucitó.

Porque esperó, Dios le libró
y de la muerte nos sacó.
Alegría y paz, hermanos,
que el Señor resucitó.
El pueblo en él vida encontró,
la esclavitud ya terminó.
Alegría y paz, hermanos,
que el Señor resucitó.

La luz de Dios en Él brilló,
la Nueva Vida nos llenó.
Alegría y paz, hermanos,
que el Señor resucitó.

Con gozo alzad el rostro a Dios,
que de Él nos llega la salvación.
Alegría y paz, hermanos,
que el Señor resucitó.

Todos cantad: ¡Aleluya!
Todos gritad: ¡Aleluya!
Alegría y paz, hermanos,
que el Señor resucitó.

128.

Hoy mi vida se desgrana
como una espiga madura.
Haz, Señor, como estas mieses:
siémbrala en tierra fecunda.
Hoy mi vida se desgrana
como una espiga madura.

**TRIGO PURO EN TUS MANOS
ME DEJARÉ SEMBRAR,
SOLO EL TRIGO QUE MUERE,
SIRVE PARA EL ALTAR.**

Me llamaste y me pediste
compartiera tu deseo,
de salvarte muchas almas
consagrarte el mundo entero.
Me llamaste y me pediste
compartiera tu deseo.

Que otros gocen la
cosecha,
yo tan sólo quiero ser
un testigo que te anuncia,
trigo que vas a moler.
Que otros gocen la
cosecha,
yo tan sólo quiero ser….

Haz que arda y me
consuma
sin que lo llegue a saber.
Sólo el trigo que se oculta
llega un día a florecer.
Haz que arda y me
consuma
sin que lo llegue a saber.

129.

**HOY SEÑOR TE DAMOS
GRACIAS
POR LA VIDA LA TIERRA
Y EL SOL
HOY SEÑOR QUEREMOS
CANTAR
LAS GRANDEZAS DE TU
AMOR.**

Gracias, Padre, mi vida es
tu vida,
tus manos amasan mi
barro,
mi alma es tu aliento divino,
tu sonrisa en mis labios
está.

Gracias, Padre, tú guías
mis pasos,
tú eres la luz y el camino,

conduces a ti mi destino,
como llevas los ríos al mar.

Gracias, Padre, me hiciste
a tu imagen,
y quieres que siga tu
ejemplo,
brindando mi amor al
hermano,
construyendo un mundo de
paz.

130.

Hoy te quiero contar Jesús
amigo,
que contigo soy feliz.
Si tengo Tu amistad lo
tengo todo,
pues estás dentro de mí.
Después de comulgar me
haces
como Tú, me llenas con Tu
paz,
en cada pedacito de este
pan,
completo estás, y así te
das.
Estas ahí por mí, porque
conoces,
que sin Ti pequeño soy,
De ahora en adelante
nada nos separará, ya lo
verás.

TE ESCONDES EN EL
PAN
Y AUNQUE NO TE
PUEDO VER
TE PUEDO ACOMPAÑAR
ES MI LUGAR
PREFERIDO
HOY QUIERO
COMULGAR
ABRIRTE MI CORAZÓN
ASÍ DE PAR EN PAR
ERES MI MEJOR AMIGO.

Dos mil años atrás a Tus
amigos,
invitaste a cenar,
Y ahí les prometiste que,
con ellos,
para siempre ibas a estar,
Y ahora cada vez que el
sacerdote
 eleva el pan en el altar,
Me pongo de rodillas
porque sé
Que en esa hostia Tú
estás.

TE ESCONDES EN EL
PAN
Y AUNQUE NO TE
PUEDO VER
TE PUEDO ACOMPAÑAR
ES MI LUGAR
PREFERIDO
HOY QUIERO
COMULGAR
ABRIRTE MI CORAZÓN
ASÍ DE PAR EN PAR
ERES MI MEJOR AMIGO
ME VUELVES A SALVAR

COMO LO HICISTE EN LA
CRUZ
EN CADA MISA TÚ
REPITES TU SACRIFICIO
HOY QUIERO
COMULGAR
ABRIRTE MI CORAZÓN
ASÍ DE PAR EN PAR
ERES MI MEJOR AMIGO,
JESÚS.

131.

Hubo un día como hoy que
me llamaste
A seguir caminando tras de
ti
Y al mirarte yo a los ojos
Decidí decir que sí
Y en mi corazón una paz
pusiste tú.

Fui buscando por las calles
y veredas
A esa gente que una vez
rezó conmigo
Y al gritarle se olvidaron
De las cosas que sentí
Se olvidaron de ese Cristo
que viví.

YO QUIERO SER
TESTIGO
DEL AMOR DE DIOS
GRITAR CONTIGO LA
VERDAD
SER EN EL MUNDO
INSTRUMENTO DE TU
PAZ
Y HACIA TI SEÑOR,

CAMINAR.

Desde ahora en adelante
he comprendido
Que en las cruces que se
cargan estás tú
Que moriste perdonando
Diste la vida por mí
No te olvidaré, hoy he
vuelto a sonreír.

132.

Iglesia soy, y tú también
En el bautismo renacimos a
una vida singular
Y al confirmar hoy nuestra
fe lo proclamamos
compartiendo el mismo
pan.

**NO VAYAS TRISTE EN
SOLEDAD
VEN CON NOSOTROS Y
VERAS
A LOS HERMANOS
CAMINANDO EN EL
AMOR
VEN CON NOSOTROS Y
SERAS
EN LA FAMILIA UN HIJO
MAS
IREMOS JUNTOS
CAMINANDO EN EL
AMOR.**

Yo la veré envejecer
Pero a mi madre aun con
arrugas
Y defectos la querré

La quiero más, pues sé
muy bien
Que ha envejecido sin
dejarme de querer.

La iglesia es tan maternal
Que me ha engendrado,
me alimenta
Y acompaña sin cesar
La iglesia es tan maternal
Que nunca duda en
abrazarme y perdonar.

Tensiones hay y las habrá
Porque nosotros somos
hombres
Y no ángeles de luz.
Pero al final, sólo al final,
La iglesia humilde
encontrará su plenitud.

133.

Ilumíname, Señor, con tu
Espíritu,
transfórmame, Señor, con
tu Espíritu.
Ilumíname, Señor, con tu
Espíritu,
ilumíname y transfórmame,
Señor.

**Y DEJAME SENTIR
EL FUEGO DE TÚ AMOR
AQUÍ EN MI CORAZÓN,
SEÑOR (BIS).**

Resucítame, Señor, con tu
Espíritu,
conviérteme, Señor, con tu

Espíritu.
Resucítame, Señor, con tu
Espíritu,
resucítame y conviérteme,
Señor.

Fortaléceme, Señor, con tu
Espíritu,
consuélame, Señor, con tu
Espíritu.
Fortaléceme, Señor, con tu
Espíritu,
fortaléceme y consuélame,
Señor.

134.

Jesucristo me dejó inquieto
Su palabra me llenó de luz
**Nunca más yo pude ver el
mundo
Sin sentir aquello que
sintió Jesús (bis).**

Yo vivía muy tranquilo y
descuidado
Y pensaba haber cumplido
mi deber
Muchas veces yo pensaba
equivocado
Contentarme con la letra de
la ley
**Más después que mi
señor pasó
Nunca más mi
pensamiento descansó
(bis).**

Yo creía estar seguro y
realizado

Y dejaba descansar mi
corazón
Y siguiendo por la vía
equivocada
Cosechaba en mi vida una
ilusión
**Más después que mi
Señor pasó
Nunca más mi
pensamiento descansó
(bis).**

Sigo a veces intranquilo por
la vida
Sin respuesta al que viene
a preguntar
Mucha gente aún se
encuentra adormecida
Y sin ganas de saber y de
llegar
**Más yo sé que Él volverá
a pasar
Y el descanso en
inquietud Él va a cambiar
(bis).**

135.

Jesús, aquí presente en
forma real
te pido un poco más de fe y
de humildad.
Quisiera poder ser digno de
compartir
contigo el milagro más
grande de amor.

Milagro de amor, tan infinito,
en que Tú mi Dios te has hecho
tan pequeño y tan humilde
para entrar en mí.
Milagro de amor tan infinito
en que Tú mi Dios te olvidas
de tu gloria y de tu majestad por mí (bis).

Y hoy vengo, lleno de alegría,
a recibirte en esta Eucaristía.
Te doy gracias,
por llamarme a esta cena,
porque, aunque no soy digno,
visitas Tú mi alma.
Gracias, Señor, por esta comunión...

136.

Jesús es, Jesús es Señor (3)
ALELUYA, ALELUYA (3)
Gloria a Dios, Gloria, Gloria a Dios (3).

137.

JESUS ESTA ENTRE NOSOTROS
EL VIVE HOY
Y SU ESPIRITU A TODOS DA

JESUS RAZON DE NUESTRAS VIDAS
ES EL SEÑOR
NOS REUNE EN PUEBLO DE AMOR.

Cambia nuestras vidas con tu fuerza
Guárdanos por siempre en tu presencia
Tú eres verdad, tú eres la paz.

Rompe las cadenas que nos atan
Llénanos de gracia en tu palabra
Gracias, señor, gracias, salvador.

Nuestras existencias hoy te alaban
Nuestros corazones te dan gracias
Tú eres amor, tú eres canción.

138.

Jesús está pasando por aquí (bis)
Y cuando Él pasa todo se transforma
Se va la tristeza y viene la alegría
Y cuando Él pasa todo se transforma.
Llega la alegría para ti y para mí.

Ahora mismo Señor, ahora mismo
Yo te pido que rompas las cadenas (bis).

Que las puertas del cielo sean abiertas
Y de virtud mi alma sea llena (bis).

Va bajando ya (bis)
Va bajando el espíritu de Dios
Si su pueblo empieza a orar
Y deja al señor actuar
Va bajando el espíritu de Dios.

139.

Jesús pan de vida, eres tú
Pan de vida eterna y cáliz de salvación
Celebremos juntos la pascua del Señor
Celebremos juntos su Resurrección (bis)
Jesús pan compartido eso eres tú Señor
eres sol renacido que transforma el corazón
Que este año de gracia y todos los demás
El Espíritu Santo nos venga a iluminar
Para que caminen con Cristo en la unidad
El amor fraterno y la justicia social.

El respeto al hombre, la paz y libertad
Y que no se pierda la fe en la amistad (bis).

Panamá por Dios privilegiada
Él te hizo centro del mundo y todas las razas
Él te hizo chiquitita y cristiana
Mi Panamá tu eres por Dios amada (bis).

Somos peregrinos sedientos de tu luz
Y de esa agua viva que sólo das tú.

De lejos venimos para estar contigo
Quédate conmigo Maestro Jesús (bis).

Jesús pan compartido eso eres tú Señor
eres sol renacido que transforma el corazón
Que este año de gracia y todos los demás
El Espíritu Santo nos venga a iluminar
Para que caminen con Cristo en la unidad
El amor fraterno y la justicia social.

El respeto al hombre, la paz y libertad

Y que no se pierda la fe
en la amistad (bis).

Panamá por Dios
privilegiada
Él te hizo centro del
mundo y todas las razas
Él te hizo chiquitita y
cristiana
Mi Panamá tu eres por
Dios amada (bis).

140.

Junto a ti al caer de la tarde
y cansados de nuestra
labor
te ofrecemos con todos los
hombres
el trabajo, el descanso, el
amor.

Con la noche las sombras
nos cercan
y regresa la alondra a su
hogar,
nuestro hogar son tus
manos,
oh Padre,
y tu amor nuestro nido
será.

Cuando al fin nos recoja tu
mano
para hacernos gozar de tu
paz,
reunidos en torno a tu
mesa
nos darás la perfecta
hermandad.

Te pedimos, Señor, que
nos nutras
con el pan que del cielo
bajó
y renazca en nosotros la
vida
con la fe, la esperanza, el
amor.

141.

Junto a Ti María, como un
niño quiero estar
tómame en tus brazos,
guíame en mi caminar.
Quiero que me eduques,
que me enseñes a rezar,
hazme transparente,
lléname de paz.

Madre, Madre, Madre,
Madre
Madre, Madre, Madre,
Madre.

Gracias Madre mía por
llevarnos a Jesús
haznos más humildes tan
sencillos como Tú.
Gracias Madre mía por
abrir tu corazón
porque nos congregas y
nos das tu amor.

142.

**JUNTOS CANTANDO LA ALEGRIA
DE VERNOS UNIDOS EN LA FE Y EL AMOR
JUNTOS SINTIENDO EN NUESTRAS VIDAS
LA ALEGRE PRESENCIA DEL SEÑOR.**

Somos la iglesia peregrina
que El fundo
Somos un pueblo que
camina sin cesar
Entre cansancios y
esperanzas hacia Dios
Nuestro amigo Jesús nos
llevará.

Hay una fe que nos
alumbra con su luz
Una esperanza que
empapó nuestro esperar
Aunque la noche nos
envuelva en su inquietud
Nuestro amigo Jesús nos
guiará.

Es el Señor, nos acompaña
al caminar,
Con su ternura a nuestro
lado siempre va.
Si los peligros nos acechan
por doquier,
Nuestro amigo, Jesús nos
salvará.

143.

**JUNTOS COMO
HERMANOS,
MIEMBROS DE UNA
IGLESIA
VAMOS CAMINANDO,
AL ENCUENTRO DEL
SEÑOR.**

Es largo el caminar,
por el desierto bajo el sol
no podemos avanzar
sin la ayuda del Señor.

Unidos al rezar,
unidos en una canción,
viviremos nuestra fe
con la ayuda del Señor.

La Iglesia en marcha está:
a un mundo nuevo vamos
ya,
donde reinará el amor,
donde reinará la paz.

144.

**JUNTOS MARCHAMOS A
TI
HACIA TU ALTAR, HACIA
EL AMOR
TU MANTENDRAS
NUESTRA UNION
EN LA SALUD Y EN EL
DOLOR.**

Tú que enseñaste a los
hombres a amar
Ven con nosotros comparte
el hogar.

Dios con nosotros en torno
al altar
Dios con nosotros en torno
al hogar.

Un mismo cuerpo un
mismo manjar
Una familia de amor y
unidad.

145.

Hoy te quiero contar Jesús
amigo, que contigo estoy
feliz
Si tengo tu amistad lo tengo
todo, pues estas dentro de
mi
Después de comulgarme
haces como, tú me llenas
con tu paz y
En cada pedacito de este
pan completo estas y así te
das.
Estas ahí por mí porque
conoces, que sin ti
pequeño soy de ahora en
adelante nada nos
separara ya lo veras.

**TE ESCONDES EN EL
PAN, Y AUNQUE NO TE
PUEDA VER, TE PUEDO
ACOMPAÑAR ES MI
LUGAR PREFERIDO.
HOY QUIERO
COMULGAR, ABRIRTE MI
CORAZÓN, ASÍ DE PAR
EN PAR
ERES MI MEJOR AMIGO.**

Dos mil años atrás a tus
amigos, invitaste a cenar
Y ahí les prometiste que
ellos por siempre ibas a
estar.

Y ahora cada vez que el
sacerdote eleva el pan, en
el altar
Me pongo de rodillas
porque sé que esa hostia tu
estas.

**TE ESCONDES EN EL
PAN...**

**ME VUELVES A SALVAR,
COMO LO HICISTE EN LA
CRUZ,
EN CADA MISA TÚ,
REPITES TU SACRIFICIO.
HOY QUIERO
COMULGAR, ABRIRTE MI
CORAZÓN, ASÍ DE PAR
EN PAR
ERES MI MEJOR AMIGO.**

146.

La paz es mucho más que
una palabra
La paz es mucho más que
una canción
La paz es mucho más que
dar la mano
La paz es estregar el
corazón
Por eso hermano quiero
hoy

Compartir mi corazón
Dándote la mano y
cantando esta canción
Entonces cuando al
terminar
El rito ante el altar
En paz iré contigo a
caminar.

147.

La paz esté con nosotros (3)
Que con nosotros siempre,
siempre esté la paz.
Queremos paz para el
mundo (3)
La paz que Cristo, Cristo
Cristo nos dejó.

148.

La paz, la paz,
Es fruto de la justicia
Un don de Dios
Que queremos aceptar
(bis).

Unidos mano con mano
Queremos hacer la paz
La paz con nuestra
conciencia
Con Dios y con los demás
(bis).

Paz con la naturaleza
que debemos respetar
cuando en ella trabajemos
por bien de la humanidad
(bis).

149.

La Virgen se está
peinando,
entre cortina y cortina.
Los cabellos son de oro,
y el peine de plata fina.

**PERO MIRA COMO
BEBEN
LOS PECES EN EL RÍO.
PERO MIRA COMO
BEBEN
POR VER AL DIOS
NACIDO.
BEBEN Y BEBEN Y
VUELVEN A BEBER
LOS PECES EN EL RÍO
POR VER AL DIOS
NACER.**

La Virgen está lavando
y tendiendo en el romero.
Los angelitos cantando
y el romero floreciendo.

La Virgen está lavando
con un poquito de jabón.
Se le picaron las manos,
manos de mi corazón.

150.

La Virgen sueña caminos,
está a la espera,
la Virgen sabe que el niño
está muy cerca.
De Nazaret a Belén hay
una senda,
por ella van los que creen
en las promesas.

**LOS QUE SOÑAIS Y
ESPERAIS
LA BUENA NUEVA
ABRID LAS PUERTAS AL
NIÑO
QUE ESTA MUY CERCA
EL SEÑOR CERCA ESTA
EL VIEN CON LA PAZ
EL SEÑOR CERCA ESTA
EL TRAE LA VERDAD.**

En estos días del año, el
pueblo espera
que venga pronto el
Mesías, a nuestra tierra.
En la ciudad de Belén,
llama a las puertas,
pregunta en las posadas y
no hay respuesta.

151.

Las puertas de la nueva
ciudad
Se abren para ti (2)
Y Dios tu amigo, /te
salvará/ (2).

Verás el nuevo día, el
nuevo sol
Verás la nueva vida,
resurrección
La gran noticia /Dios es
amor/ (2).
Las puertas de la nueva...

Venimos en familia, junto al
altar

Y el pan que resucita, Dios
nos lo da
El pan de vida
Nos mantendrá en su
amistad.

152.

**LIBERTADOR DE
NAZARETH
VEN JUNTO A MI, VEN
JUNTO A MI
LIBERTADOR DE
NAZARETH
QUE PUEDO HACER SIN
TI (BIS).**

Yo sé que eres camino
que eres la vida y la
verdad.
Yo sé que el que te sigue
sabe a dónde va.
Quiero vivir tu vida,
seguir tus huellas, tener tu
luz.
Quiero beber tu cáliz.
Quiero llevar tu cruz.

Quiero encender mi fuego,
alumbrar mi vida y seguirte
a Ti,
quiero escucharte siempre,
quiero luchar por Ti.
Busco un mensaje nuevo,
te necesito, Libertador.
No puedo estar sin rumbo,
no puedo estar sin Dios.

153.

Los que tienen y nunca se
olvidan
que a otros les falta,
los que nunca usaron la
fuerza
si no la razón,
los que dan una mano y
ayudan
a los que han caído,
esa gente es feliz porque
vive
muy cerca de Dios.

**ALELUYA, ALELUYA,
POR ESA GENTE
QUE VIVE Y QUE SIENTE
EN SU VIDA AL SEÑOR.**

Los que ponen en todas las
cosas
amor y justicia,
los que nunca sembraron el
odio
tampoco el dolor,
los que dan y no piensan
jamás
en su recompensa,
esa gente es feliz porque
vive
muy cerca de Dios.

Los que son generosos y
dan
de su pan un pedazo,
los que siempre trabajan
pensando
en un mundo mejor,
los que están liberados de
todas
sus ambiciones,
esa gente es feliz porque
vive
muy cerca de Dios.

154.

**MADRE DE TODOS LOS
HOMBRES
ENSÉÑANOS A DECIR:
AMEN.**

Cuando la noche se acerca
y se oscurece la fe.

Cuando el dolor nos oprime
y la ilusión ya no brilla.
Cuando aparece la luz
y nos sentimos felices.

Cuando nos
llegue la muerte
y tú nos lleves al
cielo.

155.

**MADRE MIA QUE ESTAS
EN LOS CIELOS
ENVIA CONSUELO A MI
CORAZON
CUANDO TRISTE
LLORANDO TE LLAME
TUS MANOS DERRAMEN,
TUS MANOS DERRAMEN
FELIZ BENDICION (BIS).**

Luna llena de eternos fulgores,
manojo de flores de aroma inmortal;
embálsame mi pecho doliente
y alumbre mi mente y alumbre mi mente
tu luz celestial (bis).

Sin ti el mundo no tiene ventura,
contigo amargura jamás puede haber.
Sin ti, Madre de castos amores,
no hay más que dolores,
no hay más que dolores,
contigo placer (bis).

156.

Para que mi amor no sea un sentimiento tan solo un deslumbramiento pasajero.
Para no gastar las palabras más mías, ni vaciar de contenido mi te quiero.
Quiero hundir más fondo mi raíz en ti, y cimentar en solidez este mi afecto, pues mi corazón, que es inquieto y es frágil solo acierta si se abraza a tu proyecto.

///Mas allá de mis miedos más allá, de mi inseguridad quiero darte mi respuesta.

Aquí estoy para hacer tu voluntad, para que mi amor sea decirte si hasta el final///.

Duermen en su sopor y temen en el huerto, ni sus amigos acompañan al maestro.
Si es hora de cruz, es de fidelidades, pero el mundo nunca quiere aceptar eso.
Dame comprender, señor, tu amor tan puro, amor que persevera en cruz, amor perfecto.
Dame serte fiel cuando todo es oscuro, para que mi amor no sea un sentimiento.

Más allá…

No es en las palabras ni es en las promesas, donde la historia tiene su motor secreto, solo es el amor en la cruz madurado el amor que mueve todo el universo.
Pongo mi pequeña vida hoy en tus manos, por sobre mis seguridades y mis miedos, y para elegir tu querer y no el mío, hazme en Getsemaní fiel y despierto.

157.

María tú que me llenas de amor
Tú eres la luz que me lleva al Señor
Con mi canción te traigo poemas
que nacen de mi
Por las mañanas cuando sale el sol
veo tu rostro cerca del señor
en la estampita que cuelga en el cuadro
de mi habitación
Dios te salve María, María, María
Virgen pura en el parto, María, María
En tus manos ponemos nuestra fe y la esperanza
Madrecita querida no te apartes de mí
La ra la ra la ra la ra la ra
La ra la ra la ra la ra la ra
La ra la ra la ra la la la ra
La ra la ra la.

158.

**MARIA, TU QUE VELAS JUNTO A MI,
Y VES EL FUEGO DE MI INQUIETUD
MARIA, MADRE ENSEÑAME A VIVIR
CON RITMO ALEGRE DE JUVENTUD.**

Ven señora a nuestra soledad, ven a nuestro corazón, a tantas esperanzas que se han muerto, a nuestro caminar sin ilusión.
Ven y danos la alegría, que nace de la fe y del amor, el gozo de las almas que confían
en medio del esfuerzo y del dolor.

Ven y danos tu esperanza para sonreír en la aflicción, la mano que del suelo nos levanta, la gracia de la paz en el perdón.
Ven y danos confianza, sonrisa que en tu pena floreció, sabiendo que en la duda y las tormentas jamás nos abandona nuestro Dios.

159.

///Mi pensamiento eres tú, señor///
Mi pensamiento eres tú.

//Porque tú me has dado la vida, Porque tú me has dado el existir, Porque tú me has dado cariño, Me has dado amor//
Mi fortaleza eres tú…
Mi esperanza…
Mi alegría…

160.

Jesús, aquí presente en
forma real
te pido un poco más de
fe y de humildad...
Quisiera poder ser digna
de compartir
contigo el milagro más
grande de amor.

**MILAGRO DE AMOR
TAN INFINITO
EN QUE TÚ MI DIOS TE
HAS HECHO
TAN PEQUEÑO Y TAN
HUMILDE PARA
ENTRAR EN MÍ.
MILAGRO DE AMOR
TAN INFINITO
EN QUE TÚ MI DIOS TE
OLVIDAS
DE TU GLORIA Y DE
TU MAJESTAD POR MÍ.**

Y hoy vengo lleno de
alegría
a recibirte en esta
Eucaristía
te doy gracias por llamarme
a esta cena
porque, aunque no soy
digno visitas tú mi alma.
Gracias, Señor, por esta
Comunión...

161.

Mi Dios está vivo Él no está
muerto (3)
Lo siento en mis manos
Lo siento en mis pies
Lo siento en mi alma y en
todo mi ser
Oh, hay que nacer del agua
Oh, hay que nacer del
espíritu de Dios
Oh, hay que nacer del agua
Y del espíritu de Dios
Hay que nacer del Señor
(bis)
Jesús es el Señor, alábalo
que vive (2)
Alábalo, alábalo, alábalo
que vive (bis)
Jesús es el Mesías...
Jesús Eucaristía...

162.

Mientras recorres la vida, tú
nunca solo estás
Contigo por el camino,
Santa María va.
**VEN CON NOSOTROS AL
CAMINAR
SANTA MARIA VEN
VEN CON NOSOTROS AL
CAMINAR
SANTA MARÍA VEN.**

Aunque te digan algunos
Que nada puede cambiar,
Lucha por un mundo
nuevo,
Lucha por la verdad.

Si por el mundo los
hombres
Sin conocerse van,
No niegues nunca tu mano

Al que contigo está.

Aunque parezcan tus pasos
Inútil caminar,
Tú vas haciendo caminos
Otros los seguirán.

163.

Noche de paz, noche de amor,
todo duerme en derredor.
Entre los astros que esparcen su luz
bella anunciando al Niño Jesús,
brilla la estrella de paz,
brilla la estrella de paz.

Noche de paz, noche de amor
oye humilde el fiel pastor,
coros celestes que anuncian salud;
gracias y dones en gran plenitud
por nuestro buen redentor
(bis).

Noche de paz, noche de amor,
ved que bello resplandor
luce en el rostro del niño Jesús,
en el pesebre del mundo la luz,
astro de eterno fulgor (bis).

Noche de paz, noche de amor,
todo duerme en derredor.
Sólo velan mirando la faz
de su niño en angélica paz,
José y María en Belén
(bis).

164.

**NO HAY DIOS
TAN GRANDE COMO TU
NO LO HAY, NO LO HAY
(2)
NO HAY DIOS
QUE HAGA MARAVILLAS
COMO LAS QUE HACES
TU (2).**

No con la fuerza, ni la violencia
Es como el mundo cambiará (2)
Sólo el amor, lo salvará
Sólo el espíritu de paz (2).

165.

No hay saludo más lindo
Que el saludo de un hermano (bis)
Te da la mano y te dice
Dios te bendiga mi hermano
Te da la mano y te dice
Dios te bendiga mi hermano

Dios te bendiga
Dios te bendiga
Dios te bendiga mi
hermano.

166.

No me habéis vosotros
elegido
Fui yo mismo quien os
elegí
Ya no os llamo siervos sino
amigos
Permaneceréis para
siempre junto a mí.

Recordad mi nuevo
mandamiento
Por el que os reconocerán
Que os améis los unos a
los otros
Como yo os amé para
siempre hasta el final.

Yo soy la verdad, soy el
camino
Soy la vida y la
resurrección
Quien me siga no andará
perdido
Pues yo soy la luz yo soy
vuestra salvación.

Tomad y comed este es mi
cuerpo
Que se entrega por vuestra
salud
Tomad y bebed esta es mi
sangre.

Que yo derramé por
vosotros en la cruz.

Nosotros señor te damos
gracias
Por habernos dado tu salud
Nosotros señor te
seguiremos
Gracias por tu amor tu
gracia y tu bendición.

167.

No me importa la raza que
seas,
negro o blanco, Cristo te
amará;
si tu corazón es como el
mío,
dame la mano y mi
hermano serás.

**DAME LA MANO
QUERIDO HERMANO
DAME LA MANO Y MI
HERMANO SERÁS.**

No me importa de dónde Tú
vengas,
sí siguiendo el Espíritu
estás,
si tu corazón es como el
mío,
dame la mano y mi
hermano serás.
Un Señor, una fe, un
Bautismo,
un Espíritu Santo también,
una misma esperanza
tenemos,

un Dios Padre de todos:
¡Yavé!

168.

**NO PODEMOS CAMINAR
CON HAMBRE BAJO EL
SOL
DANOS SIEMPRE EL
MISMO PAN
TU CUERPO Y SANGRE
SEÑOR.**

Comamos todos de este
pan
El pan de la unidad
En un cuerpo nos unió el
señor
Por medio del amor.

Señor yo tengo sed de ti
Sediento estoy de Dios
Pero pronto llegaré a ver
El rostro del Señor.

Por el desierto el pueblo va
Cantando su dolor
En la noche brillará tu luz
Nos guía la verdad.

169.

No sé cómo alabarte
Ni que decir señor
Confío en tu mirada
Que me abre el corazón
Toma mi pobre vida
Que sencilla ante ti
Quiere ser alabanza
Por lo que haces en mí.

**GLORIA, GLORIA A DIOS
GLORIA, GLORIA A DIOS.**

Siento en mí tu presencia
Soy como tú me ves
Bajas a mi miseria
Me llenas de tu paz
Indigno de tus dones
Más por tu gran amor
Tu espíritu me llena
Gracias te doy señor.

Gracias por tu palabra
Gracias por el amor
Gracias por nuestra madre
Gracias te doy señor
Gracias por mis hermanos
Gracias por el perdón
Gracias porque nos quieres
Juntos en ti señor.

170.

**NOS CONVIDAS, SEÑOR,
A TU MESA
Y ERES NUESTRO
MANJAR.
BAJO EL SIGNO DEL
PAN Y DEL VINO,
HOY TU CUERPO Y TU
SANGRE NOS DAS.**

Qué alegría hospedarse en
nuestra tienda,
recibirte en abrazo y
comunión, y dejar que tu
fuego nos encienda
en hoguera de amor el
corazón.

Comulgar es amar a los hermanos, compartir entre todos nuestro pan; comulgar es vivir el evangelio y por Cristo dejarse transformar.

Como ciervos sedientos, a la fuente agua viva venimos a beber.
Del costado de Cristo manan ríos de agua y sangre que sacian nuestra sed.

Con el vino y el pan de Eucaristía, nos preparas, Señor, un gran festín.
El banquete de Pascua es profecía, del banquete que nunca tendrá fin.

171.

No sólo el vino y el pan te venimos a ofrecer queremos darte algo más te entregamos nuestro ser.

COMO LO HIZO MARIA QUE SU MENSAJE ESCUCHO Y DIJO UN SI GENEROSO AL ACEPTAR SU MISION (BIS).

Quedan sobre este altar nuestras vidas oh Señor haz que sepamos luchar para conservar tu amor.

172.

NOS ENVIAS POR EL MUNDO A ANUNCIAR LA BUENA NUEVA (bis) MIL ANTORCHAS ENCENDIDAS Y UNA NUEVA PRIMAVERA (BIS).

Si la sal se vuelve sosa
Quien podrá salar el mundo (bis)
Nuestra vida es levadura
Nuestro amor será fecundo (bis).

Siendo siempre tus testigos
Cumpliremos el destino (bis)
Sembraremos de esperanza
Y alegría los caminos (bis).

Cuanto soy y cuanto tengo
La ilusión y el desaliento (bis)
Yo te ofrezco mi semilla
Y tú pones el fermento (bis).

173.

Somos tu pueblo Señor adquiridos por amor, nación santa, sacerdocio real.
Somos linaje escogido, para anunciar las grandezas, de aquel que nos llamó de tinieblas a luz.

*Y hoy venimos a tu mesa
con un corazón dispuesto a
celebrar
un pedacito de cielo,
contemplamos al sentarnos
al banquete pascual.*

**//NOS HAS INVITADO A
TU MESA,
QUIERES
COMPARTIRNOS TU PAN
A TU ALTAR LLEGAMOS
CON ALEGRÍA, PARA
JUNTOS CELEBRAR//
LA FRACCION DEL PAN.**

174.

Nos presentamos ante el
altar
Para ofrecer y compartir
Lo que tenemos, lo que
esperamos
Pedazos del vivir
Aquí venimos pueblos
hermanos
Que el egoísmo desunió
Para encontrarnos en el
esfuerzo
Hacia la comunión

**A LOS GRANOS DEL PAN
Y A LAS UVAS DEL VINO
QUEREMOS
ASOCIARNOS
AL ANDAR EL CAMINO
PARA QUE NOS
TRANSFORMES
EN TI SEÑOR JESUS**

**Y SEAMOS PARA EL
MUNDO
REFLEJOS DE TU LUZ.**

Te presentamos nuestras
familias
Las que rompieron el amor
Y las que viven para ser
signos
De vida y comunión
Te presentamos nuestras
culturas
Notas de un diverso cantar
Que desde el fondo de sus
riquezas
Lucha por la unidad.

Te presentamos nuestros
conflictos
Sed de justicia y libertad
Pueblos heridos en sus
derechos
En busca de la paz
Te presentamos nuestras
Iglesias
Con sus carismas para
amar
Con sus opciones y sus
proyectos
Nuevo evangelizar.

175.

NOS HAS LLAMADO AL DESIERTO SEÑOR DE LA LIBERTAD Y ESTÁ EL CORAZÓN ABIERTO A LA LUZ DE TU VERDAD. SUBIMOS CON ESPERANZA LA ESCALADA CUARESMAL. EL PUEBLO DE DIOS AVANZA HASTA LA CUMBRE PASCUAL.

Tu pueblo Señor, camina
Desde la aurora al ocaso; a
tu Pascua se encamina y te
sigue, paso a paso.

Señor, te reconocemos y tu
palabra escuchamos. Tus
caminos seguiremos y tu
ley, de amor cantamos.
Se acerca, Señor, tu día en
el que todo florece
Con tu luz y su alegría ya el
camino resplandece.

176.

Oh buen Jesús yo creo
firmemente
Que por mi bien estas en el
altar
Que das tu cuerpo y sangre
juntamente
Al alma fiel en celestial
manjar (bies).

Espero en ti piadoso Jesús
mío
Oigo tu voz que dice ven a
mi
Porque eres fiel por eso en
ti confío
Todo señor lo espero yo de
ti (bis).

Indigno soy confieso
avergonzado
De recibir la santa comunión
Jesús que ves mi nada y mi
pecado
Prepara tu mi pobre
corazón (bis).

Oh buen pastor amable y
fino amante
Mi corazón se abrasa en
santo ardor
Si te olvidé hoy juro que
constante
Ho do vivir tan colo do tu
amor (bis).

177.

**¡OH CIELOS, LLOVED DE LO ALTO!
¡OH NUBES, MÁNDANOS AL SANTO!
¡OH TIERRA, ÁBRETE TIERRA Y BROTA AL SALVADOR!**

Somos desierto, somos
arena,
maranatha, maranatha
Somos un viento sin
horizonte,
maranatha, maranatha.

Nuestras tinieblas no se
disipan,
maranatha, maranatha
Nuestras cadenas nadie las
rompe
maranatha, maranatha.

Un frío intenso nos
paraliza,
maranatha, maranatha
tenemos hambre, nadie nos
nutre
maranatha, maranatha.

178.

SEÑOR, NO VENGO A CONTARTE LOS MÉRITOS QUE POSEO //PUES SERÍA MI CANCIÓN LA ORACIÓN DEL FARISEO//.

Vengo a decirte que sigo
como antes de tumbo en
tumbo voy y falto de valor.
Flaqueo, temo y dudo,
Señor soy un desastre;
rompe tú mis tinieblas con
la luz de tu voz.

Vengo a decirte que no
tengo remedio; si no me
ayudas tú, no tendré
solución.
Escucho tu palabra, Señor
y me convence, pero luego
en la vida voy de mal en
peor.

Yo nada valgo, Señor, y
nada tengo,
si yo soy algo al fin, soy
sólo un pecador.
Si de algo estoy seguro es
de que tú me quieres,
y sin algo yo espero, es
sólo en tu perdón.

179.

Padre nuestro que estás en
el cielo.
GLORIA A TI SEÑOR.
Santificado sea tu nombre.
GLORIA A TI SEÑOR.
Venga a nosotros, venga tu
Reino.
GLORIA A TI SEÑOR.
Hágase siempre tu
voluntad.
GLORIA A TI SEÑOR.

Así en la tierra como en el cielo.
GLORIA A TI SEÑOR.
Y danos hoy nuestro pan de cada día.
GLORIA A TI SEÑOR.
Perdona, perdona, nuestras ofensas.
GLORIA A TI SEÑOR.
Como perdonamos al que nos ofende.
GLORIA A TI SEÑOR.
Y no nos dejes caer en tentación.
GLORIA A TI SEÑOR.
Líbranos, Padre, de todo mal.
GLORIA A TI SEÑOR.
Pues tuyo es el Reino, el poder y la gloria.
GLORIA A TI SEÑOR.
Hoy y por todos los siglos de los siglos.
GLORIA A TI SEÑOR.

180.

PAZ EN LA TIERRA.
PAZ EN LAS ALTURAS.
QUE EL GOZO ETERNO REINE
EN NUESTRO CORAZÓN (BIS).

Da la paz, hermano, da la paz.
Constrúyela en tu corazón y con tu gesto afirmarás que quieres la paz.

Que tu paz, hermano, sea don.
Es el mejor signo de amor que tú nos puedes ofrecer.
Abrazo de paz.

181.

Pescador, que al pasar por la orilla del lago
me viste secando mis redes al sol,
Tu mirar, se cruzó con mis ojos cansados
y entraste en mi vida buscando mi amor.

PESCADOR, EN MIS MANOS HE PUESTO OTRAS REDES QUE PUEDAN GANARTE LA PESCA MEJOR, Y AL LLEVARME CONTIGO EN LA BARCA ME NOMBRASTE SEÑOR PESCADOR.

Pescador, entre tantos que había en la playa
Tus ojos me vieron tu boca me habló
Y a pesar de sentirse mi cuerpo cansado
mis pies en la arena siguieron tu voz.

Pescador, mi trabajo de toda la noche
mi dura tarea, hoy nada encontró

Pero tú, que conoces los
mares profundos
compensa si quieres mi
triste labor.

Pescador, manejando mis
artes de pesca
en otras riberas mi vida
quedó;
al querer que por todos los
mares del mundo
trabajen mis fuerzas por Ti,
pescador.

182.

**PERDONA A TU PUEBLO
SEÑOR, PERDONA A TU
PUEBLO, PERDÓNALE,
SEÑOR.**

Por tu poder y amor
inefable,
Por tu misericordia
entrañable,
perdónanos Señor.

Somos el pueblo que has
elegido
y con tu sangre lo has
redimido,
perdónanos Señor.

Reconocemos nuestros
pecados, que tantas veces
has perdonado,
perdónanos Señor.

Dios de la fiel y eterna
alianza, en ti ponemos

nuestra esperanza,
perdónanos Señor.

Desde la cruz nos diste a tu
Madre, vuélvenos el abrazo
del Padre, perdónanos
Señor.

183.

**PAN DE TODAS LAS
MESAS, LA PASCUA
NUEVA CERTEZA: // LA
PAZ REINARÁ Y EL
PUEBLO A CANTAR.
ALELUYA//.**

Bendito el resucitado,
Jesús vencedor. En el pan
y el vino su cuerpo y su
sangre dejó. Bendita la vida
nacida de quien se
arriesgó, venciendo a la
muerte y mostrando el
poder del amor.

Que en todas las mesas del
pobre haya fiesta de pan,
que todos los niños sonrían
y quieran cantar. Que todo
tu pueblo se alegre y
camine en tu luz, gritando
en las plazas, las calles, tu
nombre: Jesús.

184.

Por los niños que empiezan
la vida,
por los hombres sin techo
ni hogar,
por los pueblos que sufren la
guerra:
te ofrecemos el vino y el
pan.

**PAN Y VINO SOBRE EL
ALTAR
SON OFRENDAS DE
AMOR.
PAN Y VINO SERÁN
DESPUÉS
TU CUERPO Y SANGRE,
SEÑOR (BIS).**

Por los hombres que viven
unidos,
por los hombres que
buscan la paz,
por los pueblos que no te
conocen:
te ofrecemos el vino y el
pan.

Por aquellos a quienes
queremos,
por nosotros y nuestra
amistad,
por los vivos y por los
difuntos:
te ofrecemos el vino y el
pan.

185.

Presentamos nuestra
espera, de desierto por la
primavera, que lo vuelva
flor.
Presentamos esta noche,
de tinieblas que rezan
gritando tu nombre,
pidiendo que llegues
Pastor.

**//VEN SEÑOR, VEN
SEÑOR, VEN SEÑOR A
LA TIERRA QUE ESPERA
TU AMOR//.**

Presentamos el camino,
que anhela tus pasos
Divinos Jesús Redentor.
Presentamos el silencio,
que desborda del alma y
nos brota del pecho, se
vuelve plegaria y clamor.

186.

**QUE ALEGRIA CUDO ME
DIJERONAN:
"VAMOS A LA CASA DEL
SEÑOR".
YA ESTÁN PISANDO
NUESTROS PIES,
TUS UMBRALES,
JERUSALEN.**

Jerusalén está fundada
como ciudad bien
compacta.
Allá suben las tribus,
las tribus del Señor.

Según la costumbre de Israel
a celebrar el nombre del Señor,
en ella están los tribunales de justicia
en el palacio de David.

Desead la paz a Jerusalén,
vivan seguros los que te aman,
haya paz dentro de tus muros,
en tus palacios seguridad.

Por mis hermanos y compañeros,
voy a decir: "La paz contigo."
Por la casa del Señor nuestro Dios,
te deseo todo bien.

187.

Querido Padre, cansado vuelvo a Ti
Haz que conozca el don de Tu amistad.
Vivir por siempre el gozo del perdón
y en Tu presencia Tu fiesta celebrar.
Pongo en tus manos, mis culpas, oh Señor.
Estoy seguro de que eres siempre fiel.
Dame la fuerza para poder andar
buscando en todo hacer Tu voluntad.

**PADRE YO BUSCO TU AMOR,
PADRE VUELVO A TI
MIRA QUE TU HIJO SOY,
PADRE VUELVO A TI
(BIS).**

Lo reconozco, a veces olvidé,
que eres mi Padre y que a mi lado estás,
que soy Tu hijo y me aceptas como soy.
Sólo me pides: vive en sinceridad.
Quiero sentirte cercano a mi Señor,
oír Tu voz que me habla al corazón,
sentirme libre desde Tu libertad,
ser signo vivo de la fraternidad.

188.

**// ¡QUE VENGA EL PUEBLO A LA FIESTA!
GÓZATE EL DOMINGO,
EL DÍA DEL SEÑOR//.**

Cuando el pueblo canta, el Señor lo bendice; Porque la alabanza es un signo de amor.
Por eso alábenle, alábenle, alábenle todos a una voz

Por eso alábale, alábale,
alábale con todo el
corazón.

Entremos contentos y
cantemos unidos; y
participemos alabando al
Señor.
Por eso alábenle, alábenle,
alábenle todos a una voz.
Por eso alábale, alábale,
alábale con todo el
corazón.

Un pueblo que canta nunca
siente tristeza;
y más si le alaba cuando
está en oración.
Por eso alábenle, alábenle,
alábenle todos a una voz.
Por eso alábale, alábale,
alábale con todo el
corazón.

189.

¿Quién será la mujer
que a tantos inspiró
poemas bellos de amor?
Le rinden honor
la música y la luz,
el mármol, la palabra y el
color.
¿Quién será la mujer
que el rey y el labrador
invocan en su dolor?
El sabio, el ignorante,
el pobre y el señor,
el santo al igual que el
pecador.

MARIA ES ESA MUJER
QUE DESDE SIEMPRE
EL SEÑOR SE PREPARO
PARA NACER COMO
UNA FLOR
EN EL JARDIN
QUE A DIOS ENAMORO.

¿Quién será la mujer
radiante como el sol,
vestida de resplandor?
La luna a sus pies,
el cielo en derredor,
y ángeles cantándole su
amor.
¿Quién será la mujer
humilde que vivió
en un pequeño taller?
Armando sin milagros,
viviendo de su fe,
la esposa siempre alegre
de José.

190.

Que detalle señor has
tenido conmigo
cuando me llamaste
cuando me elegiste,
cuando me dijiste que tú
eras mi amigo. Que detalle
señor has tenido conmigo.

Te acercaste a mi puerta
pronunciaste mi nombre, yo
temblando te dije aquí
estoy Señor; Tú hablaste
de un reino, de un tesoro
escondido; De un mensaje
fraterno que encendió mi

ilusión;

Yo dejé casa y pueblo por vivir tu aventura, codo a codo contigo comencé a caminar. Han pasado los años y aunque apriete el cansancio Paso a paso te sigo sin mirar hacia atrás.

191.

Que ninguna familia comience en cualquier de repente y que ninguna familia se acabe por falta de amor.
La pareja sea el uno en el otro de cuerpo y de mente y que nada en el mundo separe un hogar soñador.

Que ninguna familia se albergue debajo del puente y que nadie interfiera en la vida y en la paz de los dos. y que nadie les haga vivir sin ningún horizonte y que puedan vivir sin temer lo que venga después.

LA FAMILIA COMIENCE SABIENDO POR QUÉ Y DÓNDE VA Y QUE EL HOMBRE RETRATE LA GRACIA DE SER UN PAPÁ.
LA MUJER SEA CIELO Y TERNURA Y AFECTO Y CALOR Y LOS HIJOS

CONOZCAN LA FUERZA QUE TIENE EL AMOR. BENDECID, OH SEÑOR, LAS FAMILIAS. AMÉN. BENDECID, OH SEÑOR, LA MÍA TAMBIÉN (2).

Que marido y mujer tengan fuerza de amar sin medida y que nadie se vaya a dormir sin buscar el perdón.
Que en la cuna los niños aprendan el don de la vida, la familia celebre el milagro del beso y del pan.

Que marido y mujer de rodillas contemplen sus hijos y por ellos encuentren la fuerza de continuar.
Y que en su firmamento la estrella que tenga más brillo pueda ser la esperanza de paz y certeza de amar.

192.

Recibe, recibe Padre
Del pueblo fiel este don
Que con el pan y el vino
Te va a dar su corazón
Que con el pan y el vino
Te va a dar su corazón
Ahora somos solo un cuerpo
Somos parte de Jesús
Recíbenos padre eterno
Como parte de su cruz

Recíbenos padre eterno
Como parte de su cruz
Bendice el pan y el vino
Amantísimo señor
Y háganse el cuerpo y la
sangre
Del maestro redentor
Y háganse el cuerpo y la
sangre
Del maestro redentor

193.

SANTO ES EL SEÑOR MI
DIOS
DIGNO DE ALABANZA
A ÉL EL PODER
EL HONOR Y LA GLORIA
(BIS).

**HOSSANA, HOSSANA
HOSSANA, HOSSANA
HOSSANA OH SEÑOR
(BIS).**

BENDITO ES EL QUE
VIENE
EN NOMBRE DEL SEÑOR
CON TODOS LOS
SANTOS
CANTAMOS PARA TI (BIS).

194.

Santo, Santo es el Señor
y del universo es Dios.
Bendito es el que viene
en el nombre del Señor.
Santo, Santo es el Señor
y del universo es Dios.
El cielo y tierra llenos
de tu gloria, gran Señor.

Santo, Santo es el Señor
y del universo es Dios.
Santo, santo, santo.

195.

Santo, Santo es el Señor
Santo, Santo es nuestro
Dios
Tu grandeza llenará Señor
El inmenso firmamento hoy
Y por siempre, Hosanna
Cantemos sin cesar
Bendito seas, Señor
Bendito seas, Señor.

196.

//Santo, Santo, Santo es el
Señor //, //Dios del
Universo//.

**//HOSANNA, HOSANNA,
HOSANNA, HOSANNA,
EN LO
ALTO DEL CIELO//.**

//Bendito el que viene en el
nombre del Señor//, //en el
nombre del Señor//.

197.

Santo, Santo. Santo es el
Señor Dios del Universo,
llenos están el cielo y la
tierra, de tu gloria,
Hosanna.

//HOSANNA, HOSANNA, HOSANNA. EN EL CIELO//.

Bendito el que viene en nombre del Señor, Hosanna en el Cielo, Hosanna.

198.
Santo, santo, santo. El Señor Dios del Universo, el cielo
y la tierra están llenos de su gloria.

//HOSANNA, HOSANNA, HOSANNA EN LO ALTO DEL CIELO//.

Bendito el que viene en el nombre del Señor.

199.
Santo es el Señor
Santo es el Señor
Dios del Universo
Que en la creación
Con gloria y honor
Regalas al hombre (bis).

Hosanna en el cielo
Hosanna en la tierra
y que sea Bendito
quien venga en su nombre
(bis)
quien venga en su nombre.

200.
//Santo es el Señor Dios del universo// //Llenos están los cielos y la tierra de tu gloria//.

//Oh, ouoh, Hosanna en el cielo//
//Bendito es el que viene en el nombre del Señor //
//Llenos están los cielos y la tierra de tu gloria//
// Oh, ouoh, Hosanna en el cielo//.

201.
Santo es el Señor, Dios del Universo.
Llenos están el cielo y la tierra de tu gloria.
//Hosanna; Hosanna; Hosanna en las alturas Señor//
Bendito el que viene en nombre del Señor.

202.
//SANTO, SANTO, OH, OH SANTO ES EL SEÑOR//.

Los cielos y la tierra están llenos de tu gloria oh Señor.
Tus obras proclaman tu grandeza
y nos hablan de tu amor.

//SANTO, SANTO, OH, OH SANTO ES EL SEÑOR//.

Hosanna en el Cielo al que viene en el nombre del Señor.
Bendito aquel que nos libera y nos da la Salvación.

203.

Santo, santo, santo, santo
Santo, santo es nuestro Dios
Señor de toda la tierra
Santo, santo es nuestro Dios
Santo, santo, santo, santo
Santo, santo es nuestro Dios
Señor de toda la historia
Santo, santo es nuestro Dios
Que acompaña a nuestro pueblo
Que vive en nuestras luchas
Del universo entero el único señor
Benditos los que en su nombre
El evangelio anuncia
La buena y gran noticia
De la liberación.

204.

Santo, Santo, Santo. Es el Señor Dios del Universo.

Llenos están el cielo y la tierra de tu gloria.

///HOSANNA, HOSANNA, HOSANNA EN EL CIELO//.

Bendito el que viene, en el nombre del Señor.

205.

SANTO, SANTO, TÚ ERES
SANTO, SANTO, TÚ ERES
TÚ QUE ESTÁS SENTADO
EN MEDIO DE QUERUBINES.

Tu gloria llena la tierra,
Tu gloria llena mi ser
Por eso canto Hosanna
A ti el santo de Israel

Santo, Santo, Tú eres….

Bendito es aquel que viene
En el nombre del Señor
Hosanna en las alturas
Hosanna al Hijo de Dios.

206.

Santo, Santo, Santo, dicen los querubines.
Santo, Santo, Santo es nuestro Rey Yahvé.
Santo, Santo, Santo es el que nos redime;

//porque mi Dios es Santo, la tierra llena de su gloria es// (bis).

//CIELO Y TIERRA PASARÁN, MÁS TUS PALABRAS NO PASARÁN // (BIS) NO, NO, NO PASARÁN, NO, NO, NO, NO, NO, NO PASARÁN.

Bendito el que viene en nombre del Señor, la gloria de Jesucristo, el Hijo de David. Hosanna en las alturas del mundo al Salvador. //Bendito el que viene en el nombre del Señor// (bis).

207.
SANTO, SANTO. SANTO ES EL SEÑOR (2) todo tiene tu huella señor, eres el Dios del amor (2) **SANTO, SANTO, SANTO ES EL SEÑOR (2)** Sea bendito es el que viene en el, en el nombre del Señor, en tu nombre oh Dios (2).

208.
SANTO, SANTO EN EL CIELO, SANTO ES EL SEÑOR (2) Gloria a Dios el Universo, Gloria a Dios aquí en la tierra paz y amor entre los hombres, gloria, Gloria a Dios...
SANTO, SANTO, EN EL CIELO SANTO ES EL SEÑOR (2) Bendito es el que viene en el nombre del Señor, Hosanna a ti en las alturas, Hosanna al Señor. Gloria a Dios, gloria en el cielo. Gloria, gloria a Dios...
SANTO, SANTO EN EL CIELO, SANTO ES EL SEÑOR (2).

209.
Señor, quién puede entrar En tu santuario para alabar (bis) El de manos limpias Y un corazón puro Que no es vanidoso Y que sepa amar (bis).

Señor, yo quiero entrar En tu santuario para alabar (bis) Dame manos limpias Y un corazón puro, No ser vanidoso Y poder amar (bis).

Señor, ya puedo entrar En tu santuario para alabar (bis) Tu sangre me lava, Tu fuego me quema Tu Espíritu Santo

Inmola mi ser (bis).

210.

Señor te ofrecemos nuestra juventud Señor (bis).

Estos panes y este vino,
te ofrecemos hoy señor
Los esfuerzos y sudores,
te ofrecemos hoy señor.

**Después serán tu cuerpo,
después serán tu sangre
Después serán el signo
de tu amor (bis).**

Estas manos y estos dones
te ofrecemos hoy señor
Estos cantos y estas flores
te ofrecemos hoy señor
**Despues seran tu cuerpo
después serán tu sangre
Después serán el signo
de tu amor (bis).**

La alegría de este día
Que nos lanza la emoción
Ilusiones y esperanzas
Te ofrecemos hoy, Señor
**Después serán tu cuerpo
Después serán tu sangre
Después serán el signo
de tu amor (bis).**

211.

De haberte ofendido
me arrepiento, ten *piedad.*

Por las cosas que hice
y que hoy siento, *ten
piedad.*

*Quiero alabarte y no pecar
más,
quiero arrepentirme,
dame tu perdón.*

De no haberte escuchado
me arrepiento, ***ten piedad.***

Dame, Tú, la mano,
Señor, Jesucristo,
enséñame el camino,
llévame hacia Ti, *ten
piedad.*

212.

Tú que has venido a sanar,
los corazones afligidos.

**//SEÑOR TEN PIEDAD,
SEÑOR TEN PIEDAD//.**

Tú que has venido a llamar
a los pecadores.
***//Cristo ten piedad, Cristo
ten piedad//.***
Tú que estas sentado a la
derecha del padre, para
interceder por nosotros.
***//Señor ten piedad, Señor
ten piedad//.***

213.

//Señor ten Piedad, de nosotros//
//CRISTO TEN PIEDAD, DE NOSOTROS//
//Señor ten Piedad de nosotros//.

214.

Tú que has sido enviado a sanar, los corazones afligidos.
//SEÑOR TEN PIEDAD, DE NOSOTROS//.

Tú que has venido a llamar, a todos los pecadores.
//CRISTO TEN PIEDAD, DE NOSOTROS//.

Tú que estas sentado a la diestra del Padre, para interceder por nosotros.
//SEÑOR TEN PIEDAD, DE NOSOTROS//.

215.

//Señor, ten piedad, Señor ten piedad
Perdona nuestras sombras, Ten piedad, Señor//.

//CRISTO// PERDONA NUESTRAS SOMBRAS, TEN PIEDAD SEÑOR.

//Señor, ten piedad, Señor ten piedad

Tú siempre nos perdonas
Ten piedad Señor//.

216.

Señor (2) Señor ten piedad
Cristo (2), Cristo ten piedad
Señor (2), Señor ten piedad.

217.

//Señor ten piedad de nosotros,
Señor ten piedad//.

//CRISTO TEN PIEDAD DE NOSOTROS, CRISTO TEN PIEDAD//.

//Señor ten piedad nosotros, Señor ten piedad//.

218.

///Señor ten piedad, de nosotros///
///Cristo ten piedad///
///Señor ten piedad, de nosotros///.

219.

//Ten Piedad, Señor Ten Piedad
soy pecador, ten Piedad//.

//Y DE MI CRISTO APIÁDATE CONTRA TI YO PEQUÉ//.

//Ten Piedad, Señor Ten Piedad//.

220.

Tú que siempre nos perdonas, porque nos quieres mucho, tú que siempre nos perdonas. *Señor ten Piedad.*

Tú que siempre nos escuchas, porque nos quieres mucho, tú que siempre nos escuchas. *Cristo ten Piedad.*

Tú que siempre nos ayudas, porque nos ayudas, tú que siempre nos ayudas. *Señor ten piedad.*

221.

Si cansado me derrumbo en el camino, perdón Señor Si mi corazón vacila un día ante el dolor, perdón Señor.

Perdóname, por haberme detenido Perdóname, por el tiempo que he perdido Perdóname, si he querido claudicar y renunciar a ti.

Perdóname, por haberte ofendido

Perdóname, por vivir tan confundido Perdóname, si valieron ciertas cosas mucho más que tú Señor perdóname.

222.

SI VIENES CONMIGO Y ALIENTAS MI FE SI ESTAS A MI LADO A QUIEN TEMERE.

A nada tengo miedo, a nadie he de temer, Señor si me protegen Tu amor y tu poder. Me llevas de la mano, me ofreces todo bien, Señor Tú me levantas sí vuelvo a caer.

Qué largo mi camino Qué hondo mi dolor. Ni un árbol me da sombra, ni escucho una canción. Será que a nadie puedo mirar ni sonreír, Señor Tú solo quedas Tú solo junto a mí.

En cosas que se mueren yo puse el corazón. Fue tierra mi tesoro, fue vana mi ilusión. En cosas que se mueren me voy muriendo yo. Tú sólo vives siempre, Tú sólo, mi Señor.

223.

Rendid a Yahvé,
santos del Señor,
gloria y poder al Dios de
la creación.
Rendid honor al glorioso
nombre del Señor y
adoradlo en su santo esple
ndor.

**SOBRE LOS MARES RES
UENA LA VOZ DE DIOS,
GLORIOSO ES DIOS, SU
VOZ HACE TEMBLAR,
QUE PODEROSA ES LA
VOZ DEL
ALTÍSIMO.**

Aleluya, su voz
descuaja los cedros del
Líbano, *Aleluya,* la voz del
señor lanza llamas de
fuego.
Aleluya, sacude los bosqu
es la voz del Altísimo,
Aleluya, y en su santuario
gritan: ¡gloria!

Sentado está Dios sobre la
tempestad, sentado está el
Señor cual Rey eterno,
la fuerza da al quien pone s
u confianza en él,
Yahvé bendice a su pueblo
con paz.

224.

**REUNIDOS EN EL
NOMBRE DEL SEÑOR,
QUE NOS HA
CONGREGADO ANTE SU
ALTAR, //CELEBREMOS
EL MISTERIO DE LA FE,
BAJO EL SIGNO DEL
AMOR Y LA UNIDAD//.**

Tú, Señor, da sentido a
nuestra vida, tu presencia
nos ayuda a caminar, tu
Palabra es fuente de agua
viva, que nosotros,
sedientos, a tu mesa
venimos a buscar.

Purifica con tu gracia
nuestras manos, ilumina
nuestra mente con tu luz, y
la fe se fortalezca en tu
Palabra, y tu Cuerpo,
tomado en alimento, nos
traiga la salud.

225.

Señor, toma mi vida nueva
Antes de que la espera
Desgaste años en mí
Estoy dispuesto a lo que
quieras
No importa lo que sea
Tu llámame a servir.

**LLEVAME DONDE LOS
HOMBRES
NECESITEN TUS
PALABRAS**

NECESITEN MIS GANAS DE VIVIR
DONDE FALTE LA ESPERANZA
DONDE FALTE LA ALEGRIA
SIMPLEMENTE POR NO SABER DE TI.

Te doy mi corazón sincero
Para gritar sin miedo
Tu grandeza señor
Tendré mis manos sin cansancio
Tu historia entre mis labios
Mi fuerza en la oración.

Y así en marcha iré cantando
Por calles predicando
Lo bello que es tu amor
Señor tengo alma misionera
Condúceme a la tierra
Que tenga sed de Dios.

Maestro, tu promesa divina
De compartir un reino
De justicia y de amor
Hoy quiero, quiero ser tu testigo
Que seas mi camino
Mi luz y mi amor.

226.

Sois la semilla que ha de crecer
Sois estrella que ha de brillar
Sois levadura, sois grano de sal
Antorcha que debe alumbrar
Sois la mañana que vuelve a nacer
Sois espiga que empieza a granar
Sois aguijón y caricia a la vez
Testigos que voy a enviar.

ID AMIGOS POR EL MUNDO
ANUNCIANDO EL AMOR
MENSAJEROS DE LA VIDA
DE LA PAZ Y EL PERDON
SED AMIGOS LOS TESTIGOS
DE MI RESURRECCION
ID LLEVANDO MI PRESENCIA
CON VOSOTROS ESTOY.

Sois una llama que ha de encender
Resplandores de fe y caridad
Sois los pastores que han de guiar
Al mundo por sendas de paz
Sois los amigos que quise escoger
Sois palabra que intento gritar
Sois reino nuevo que empieza a engendrar
Justicia, amor y verdad.

Sois fuego y savia que vine
a traer
Sois la ola que agita la mar
La levadura pequeña de
ayer
Fermenta la masa del pan
Una ciudad no se puede
esconder
Ni los montes se han de
ocultar
En vuestras obras que
buscan el bien
Los hombres al Padre
verán.

227.

**SOMOS UN PUEBLO QUE
CAMINA
Y JUNTOS CAMINANDO
PODREMOS ALCANZAR
OTRA CIUDAD QUE NO
SE ACABA SIN PENAS NI
TRISTEZAS CIUDAD DE
ETERNIDAD.**

Sufren los hombres mis
hermanos
buscando entre las piedras
la parte de su pan.
Sufren los hombres
oprimidos
los hombres que no tienen
ni paz ni libertad.
Sufren los hombres mis
hermanos
más Tú vienes con ellos
y en ti alcanzarán

OTRA CIUDAD QUE NO
SE ACABA
SIN PENAS NI TRISTEZAS
CIUDAD DE ETERNIDAD
Danos valor para la lucha,
valor en las tristezas,
valor en nuestro afán.
Danos la luz de tu palabra
que guíe nuestros pasos
en este caminar.
Marcha, Señor, junto a
nosotros,
pues sólo caminando
podremos alcanzar
OTRA CIUDAD QUE NO
SE ACABA
SIN PENAS NI TRISTEZAS
CIUDAD DE ETERNIDAD.

228.

**TAN CERCA DE MI, (BIS)
QUE HASTA LO PUEDO
TOCAR
JESUS ESTA AQUÍ.**

Le hablaré sin miedo al
oído
Le contaré las cosas que
hay en mí
Y que solo a Él le
interesarán
Él es más que un mito para
mí.
No busques a Cristo en lo
alto
Ni lo busques en la
oscuridad
Muy cerca de ti, en tu
corazón

Puedes adorar a tu señor.

Míralo a tu lado caminando
Paseándose entre la
multitud
Muchos ciegos van, sin
quererlo ver
Llenos de ceguera
espiritual.

229.

Haz lo que quieras conmigo
haz lo que quieras de mi
hoy yo te ofrezco mi vida
hoy yo me rindo ante ti (2).

//TE ENTREGO TODO LO
QUE SOY Y TODO LO
QUE TENGO, TODO LO
QUE QUIERO Y TODO LO
QUE SUEÑO A TI SEÑOR
JESÚS// TE ENTREGO.

Haz lo que quieras conmigo
haz lo que quieras de mi
hoy yo te ofrezco mi vida,
hoy yo me rindo ante ti (2).

230.

Te ofrecemos Padre eterno
de la tierra nuestro don,
para que nos lo conviertas
en tu Hijo el Salvador (bis).

VINO Y PAN DAMOS HOY
SE TRANSFORMARÁN
EN DIOS (BIS).

Toda el alma de este
pueblo
la ponemos con amor,
junto al cáliz y las hostias
en señal de adoración (bis).

Ofrecemos nuestras culpas
ante el ara del perdón,
las ofrendas hechas Cristo
nos darán la salvación.

231.

TE OFRECEMOS PADRE
NUESTRO
CON EL VINO Y CON EL
PAN
NUESTRAS PENAS Y
ALEGRÍAS
EL TRABAJO NUESTRO
AFÁN.

A los pobres de la tierra
a los que sufriendo están
cambia su dolor en vino
como la uva en el lagar.

Como el trigo de los
campos,
bajo el signo de la cruz
se transformen nuestras
vidas
en el cuerpo de Jesús.

Estos dones son el signo
del esfuerzo de unidad
que los hombres
realizamos
en el campo y la ciudad.
Es tu pueblo quien te

ofrece,
con los dones del altar,
la naturaleza entera
anhelando libertad.

232.

TE PRESENTAMOS
EL VINO Y EL PAN
BENDITO SEAS
POR SIEMPRE SEÑOR
(BIS).

Bendito seas señor
Por este pan que nos diste
Fruto de la tierra y del
trabajo
De los hombres.

Bendito seas señor
El vino tú nos lo diste
Frutos de la vid y del
trabajo
De los hombres.

233.

Todo lo poco que soy, yo te
lo ofrezco.
Todo el vacío que soy, yo
te lo ofrezco.
Todo el tiempo que perdí,
inútilmente
buscando glorias sin ti, yo
te lo ofrezco.

Todo el amor que manché,
con mi egoísmo,
Todo lo que pude ser y que
no he sido.

Lo que pude salvar y se ha
perdido,
Lo pongo en tus manos
inmensas pidiendo perdón.

La sonrisa que negué al
que sufría,
la mano que no tendí al que
llamaba.
Las frases de amor, que no
dijo mi lengua,
los besos que yo dejé que
se murieran.

234.

Todos unidos formando un
solo cuerpo,
un pueblo que en la Pascua
nació.
Miembros de Cristo en
sangre redimidos
Iglesia peregrina de Dios.
Vive en nosotros la fuerza
del Espíritu
que el Hijo desde el Padre
envió.
Él nos empuja, nos guía y
alimenta
Iglesia peregrina de Dios.

SOMOS EN LA TIERRA
SEMILLA DE OTRO
REINO
SOMOS TESTIMONIO DE
DIOS
PAZ PARA LAS
GUERRAS
Y LUZ ENTRE LAS
SOMBRAS

IGLESIA PEREGRINA DE DIOS
PAZ PARA LAS GUERRAS
Y LUZ ENTRE LAS SOMBRAS
IGLESIA PEREGRINA DE DIOS.

Rugen tormentas y a veces nuestra barca
parece que ha perdido el timón.
Miras con miedo, no tienes confianza:
Iglesia peregrina de Dios.
Una esperanza nos llena de alegría,
presencia que el Señor prometió.
Vamos cantando, Él viene con nosotros
Iglesia peregrina de Dios.

Todos nacidos en un solo bautismo,
unidos en la misma comunión.
Todos viviendo en una misma casa
Iglesia peregrina de Dios.
Todos prendidos en una misma suerte,
ligados a la misma salvación.
Somos un cuerpo y Cristo es la cabeza.
Iglesia peregrina de Dios.

235.

TOMADO DE LA MANO CON JESUS YO VOY
LE SIGO COMO OVEJA QUE ENCONTRO AL PASTOR
TOMADO DE LA MANO CON JESUS YO VOY
A DONDE EL VA.

Si Jesús me dice: amigo,
deja todo y ven conmigo,
donde todo es más hermoso
y más feliz.
Si Jesús me dice: amigo,
deja todo y ven conmigo,
yo mi mano pondré en la suya e iré con Él.
Yo te llevaré, amigo,
a un lugar conmigo
donde el sol y las estrellas
aún brillan más
Yo te llevaré, amigo,
a un lugar conmigo
donde todo es más hermoso
y más feliz.

236.

Al estar en tu presencia
Mi alma se goza tanto en ti
Mi alma se encuentra en comunión perfecta
Que al instante proviene de ti
Como puedo explicarlo
Si eres todo para mí
Por el resto de mi vida
Señor siempre serás.

**TU EL PRIMERO, EL
MAS ESPECIAL
EL ÚNICO DUEÑO DE MI
CORAZÓN
TU EL PRIMERO, EL
MÁS ESPECIAL
LA LUZ QUE ALUMBRA
MI ALMA HOY (BIS).**

237.

Tú has venido a la orilla,
no has buscado, ni a sabios
ni a ricos,
tan solo quieres que yo te
siga.

**SEÑOR, ME HAS MIRADO
A LOS OJOS
SONRIENDO HAS DICHO
MI NOMBRE
EN LA ARENA HE
DEJADO MI BARCA
JUNTO A TI, BUSCARÉ
OTRO MAR.**

Tú sabes bien lo que tengo,
en mi barca no hay oro ni
espadas,
tan solo redes y mi trabajo.
Tú necesitas mis manos,
mi cansancio que a otros
descanse,
amor que quiera seguir
amando.

Tú, pescador de otros
lagos,
ansia eterna de almas que
esperan,
amigo bueno que así me
llamas.

238.

Tú nos invitas Jesús.
Para ti siempre somos
importantes.
En tu mesa nos das la
comida mejor:
el pan de la vida y del amor
(bis).

**DEJAD QUE LOS NIÑOS
SE ACERQUEN
DEJAN QUE VENGAN A
MÍ
DEJAD QUE LOS NIÑOS
SE ACERQUEN
DEJAD QUE VENGAN A
MÍ.**

Un mismo pan se nos da.
Es el pan de tu cuerpo y de
tu sangre,
que nos une en familia
y nos llena de Dios:
el pan de la vida y el amor
(bis).

Para crecer y vivir
cada día tendré que
alimentarme;
para el alma nos das la
comida mejor:
el pan de la vida y el amor
(bis).

239.

**TU PALABRA ME DA VIDA
CONFIO EN TI SEÑOR
TU PALABRA ES ETERNA
EN ELLA ESPERARE.**

Dichoso el que, con vida
intachable,
camina en la ley del señor.
Dichoso el que, guardando
sus preceptos,
lo busca de todo corazón.

Escogí el camino
verdadero,
y he tenido presente tus
decretos.
Correré por el camino del
Señor
cuando me hayas
oncanchado el corazón.

Repleta está la tierra de tu
gracia.
Enséñame Señor tus
decretos.
Mi herencia son tus
mandatos,
alegría de nuestro corazón.

240.

El Padre que te ha
enviado tiene vida y tú
vives por Él.
Así, quien se alimenta de
tu Cuerpo, vivirá por ti.

Tú eres señor el único
que ha visto al Padre,
Tú eres el que viene de
Él.
Aquel que beba de tu
agua, no tendrá más sed.

**TÚ ERES, SEÑOR, EL
ALIMENTO, EL PAN
QUE NOS HARÁ VIVIR;
TÚ ERES, SEÑOR, EL
PAN DE VIDA, LA VIDA
VIVIRÁ POR TI (2).**

Comieron el maná
nuestros antepasados
y murieron al fin,
más tú nos aseguras que
el Pan vivo nos hará vivir.
Tu eres el pan que baja
de los cielos, tú eres ese
pan.
Tu cuerpo entregado por
nosotros nos resucitará.

Tú eres la causa de la
alegría, como el
amanecer.
La brisa de la mañana,
que alivia nuestro andar.
Tu cuerpo, Jesús, se
eleva ante nosotros,
Se eleva como el sol.
Tu sangre ha marcado
nuestras puertas,
Cordero de Dios.

241.

Tú reinarás, este es el grito
Que ardiente exhala
nuestra fe
Tú reinarás, oh rey bendito
Pues tú dijiste reinaré.

**REINE JESUS POR
SIEMPRE
REINE SU CORAZÓN
EN NUESTRA PATRIA
EN NUESTRO SUELO
QUE ES DE MARIA LA
NACION
EN NUESTRA PATRIA
EN NUESTRO SUELO
QUE ES DE MARIA LA
NACION.**

Tú reinarás, dulce
esperanza
Que al alma llena de placer
Habrá por fin paz y
bonanza
Felicidad habrá doquier.

Tú reinaras, dichosa era,
Dichoso pueblo con tal rey
Será tu cruz nuestra
bandera
Tu amor será la nuestra
ley.

Tú reinaras en este suelo
Te prometemos nuestro
amor
Oh buen Jesús danos
consuelo
En este valle de dolor.

Tú reinaras reina ya ahora
Es esta tierra y población
Ten compasión del que te
implora
Y acude a ti en la aflicción.

Tú reinarás toda la vida
Trabajaremos con gran fe
En realizar y ver cumplida
La gran promesa reinaré.

242.

Tú Señor que enciendes
las estrellas
tú que al sol le das su
resplandor
tú que cuidas del pájaro
perdido
que va buscando un nido
guiado por tu amor
tú que siembras rosas y
trigales
tú que al lirio vistes de
esplendor
nos proteges señor con
más cariño
pues quieres más a un niño
que al pájaro y la flor.

**PADRE BUENO, DIOS
ALEGRE
PRIMAVERA Y
MANANTIAL
DIOS CERCANO, DIOS
AMIGO
PADRE NUESTRO,
CELESTIAL.**

Tú señor que velas por el pobre
y al humilde das tu protección
al que amas le ofreces un tesoro
que vale más que el oro le das tu corazón
tu señor que alumbras mi camino
tú que escuchas siempre mi oración
en tu amor pongo yo mi confianza
renace mi esperanza se acuna mi canción.

243.

Tú señor, sabes bien,
lo que yo tengo guardado en mi interior
todo aquello que me aturde
lo que no puedo olvidar
esas cosas no me dejan caminar.
Tú señor, hasta hoy,
me has seguido en cada paso de mi vida,
y me has dado grandes cosas
que no puedo olvidar
los momentos que en mi vida quedarán.

POR ESO, VEN SEÑOR JESÚS
QUE TE QUIERO HOY DECIR
QUE MIS OJOS SE HAN ABIERTO
Y QUE, SIN TI, NO PUEDO MÁS SEGUIR
VEN SEÑOR JESÚS
QUE AHORA TENGO EL CORAZON
CON UN GRITO QUE TE PIDE TU AMOR.

244.

Un día de bodas el vino faltó
Imposible poderlo comprar
Qué bello milagro hiciste señor
Con el agua de aquel manantial
Colmaste hasta el borde del vino mejor
Las tinajas que pude llenar
Yo puse mi esfuerzo, yo puse mi afán
Tú pusiste Jesús lo demás.

ES MUY POCO SEÑOR
LO QUE VENGO A TRAER
ES MUY POCO LO QUE PUEDO DAR.
MI TRABAJO ES EL AGUA QUE QUIERO OFRECER
Y MI ESFUERZO UN PEDAZO DE PAN
ES MUY POCO SEÑOR
LO QUE VENGO A TRAER
ES MUY POCO LO QUE PUEDO DAR

**EN TUS MANOS DIVINAS
LO VENGO A PONER
TU YA PONES SEÑOR LO
DEMÁS.**

La gente con hambre
sentada esperó
En el prado que baja hasta
el mar
Con cuanto tenía a ti se
acerco
Un muchacho que quiso
ayudar
Tu mano en su frente feliz
descansó
En sus ojos tu dulce mirar
Él puso sus peces él puso
su pan
Tu pusiste Jesús lo demás.

Los hombres volvían al
amanecer
Cansados de tanto bregar
Las barcas vacías que
triste es volver.
Y de nuevo tener que
empezar
Salieron al lago a pescar
otra vez
Tu palabra los iba a guiar
Los hombres pusieron la
barca y la red
Tu pusiste Jesús lo demás.

245.

**UN NIÑO SE TE ACERCO
AQUELLA TARDE
SUS CINCO PANES TE
DIO
PARA AYUDARTE**

**LOS DOS HICISTEIS QUE
YA
NO HUBIERA HAMBRE
(BIS).**

La tierra el aire y el sol son
tu regalo
Y mil estrellas de luz,
sembró tu mano
El hombre pone su amor y
su trabajo (bis).

También yo quiero poner
sobre tu mesa
Mis cinco panes que son
una promesa
De darte todo mi amor y mi
pobreza (bis).

246.

**UN PUEBLO QUE
CAMINA POR EL MUNDO
GRITANDO VEN SEÑOR
UN PUEBLO QUE BUSCA
EN ESTA VIDA
LA GRAN LIBERACION.**

Los pobres siempre
esperan el amanecer
de un día más justo y sin
opresión.
Los pobres hemos puesto
la esperanza en ti:
Libertador.

Salvaste nuestra vida de la
esclavitud,
esclavos de la ley sirviendo
en el temor.

Nosotros hemos puesto la
esperanza en ti:
Dios del amor.
El mundo por las guerras
sangra sin razón,
familias destrozadas
buscan un hogar.
El mundo tiene puesta su
esperanza en Ti:
Dios de la Paz.

247.

**UN SOLO SEÑOR, UNA
SOLA FE, UN SOLO
BAUTISMO, UN SOLO
DIOS Y PADRE.**

Llamados a guardar la
unidad del espíritu, por el
vínculo de la paz, cantamos
y proclamamos.

Llamados a formar un solo
cuerpo, en un mismo
espíritu cantamos y
proclamamos.

Llamados a compartir
una misma esperanza,
en Cristo cantamos y
proclamamos.

248.

**UNA ESPIGA DORADA
POR EL SOL
EL RACIMO QUE CORTA
EL VIÑADOR
SE CONVIERTEN AHORA**

**EN PAN Y VINO DE
AMOR
EN EL CUERPO Y LA
SANGRE DEL SEÑOR.**

Compartimos la misma
comunión
Somos trigos del mismo
sembrador
Un molino, la vida nos
tritura con dolor
Dios nos hace eucaristía en
el amor.

Como granos que han
hecho el mismo pan
Como notas que tejen un
cantar.
Como gotas de agua que
se funden en el mar
Los cristianos un cuerpo
formarán.

En la mesa de Dios se
sentarán
Como hijos, su pan
comulgarán
Una misma esperanza
caminando cantarán
En la vida como hermanos
se amarán.

249.

**UNA LUZ EN LA
OSCURIDAD, UN
ARROYO DE AGUA VIVA
UN
CANTAR A LA
ESPERANZA QUIERE
SER TU IGLESIA, QUIERE
SER TUS MANOS,
QUIERE SER TU VOZ,
QUIERE SER TU IMAGEN.**

Manos pobres de Cristo,
duras y secas llenas de
gracia.
Manos solidarias en la
miseria que compartan la
tristeza y la alegría de vivir.
Manos de amor y de paz,
manos de hombre y de
Dios.

Voz que proclame tu
existencia, tu inmensa
ternura, tu resurrección.
Voz que transmita tu
mensaje limpio y desnudo,
fuente de paz y libertad.
Voz que sin miedo haga
vibrar en cada hombre tu
voz.

Imagen del Señor del
universo, autor de la vida,
Padre y Creador.
Imagen del Señor
humanizado que es pastor
y camino, fuerza y salud en
el dolor.

Signos humildes del Señor,
de su misterio y verdad.

250.

Una mañana el sembrador
Salió a los campos para
sembrar
Una mañana el sembrador
Sembró en mi vida su
bondad.

**CADA MAÑANA EL
SEMBRADOR
SEMBRANDO ESTA EN
MI CORAZON
CADA MAÑANA EL
SEMBRADOR
ESPERA EL TRIGO DE MI
AMOR.**

Una mañana el sembrador
Sembró el camino y el
pedregal
Una mañana el sembrador
No pudo entrar en mi
heredad.
Una mañana el sembrador
En tierra buena quiso
sembrar
Una mañana el sembrador
Tan solo espinas pudo
hallar.
Una mañana el sembrador
En cada grano cien quiere
hallar
Una mañana el sembrador
Sembró en mi vida con
afán.

251.

**UNA PANDERETA
SUENA
YO NO SÉ POR DONDE
VA;
REPICANDO
ALEGREMENTE
VA LLEGANDO HACIA EL
PORTAL.**

En el portal de Belén
hay estrellas, sol y luna
la Virgen y San José
y el Niño que está en la
cuna.

Los gitanitos ya llegan,
la gitana chirrispeta;
los niños con guitarrín,
las niñas con panderetas.

252.

Vamos a alabar al Señor
(4)
y que toda lengua proclame
a Cristo con mucha alegría;
y que toda lengua
proclame,
a Cristo Jesús, el Mesías.

**Proclamen que Él es el
Rey,
que Cristo es el único
Rey (bis).**

Vamos a cantar al Señor...
Vamos a danzar al Señor...
Vamos a aplaudir al

Señor...

253.

**VAMOS A PREPARAR
EL CAMINO DEL SEÑOR
VAMOS A CONSTRUIR
LA CIUDAD DE NUESTRO
DIOS
VENDRA EL SEÑOR CON
LA AURORA
EL BRILLARA EN LA
MAÑANA
PREGONARA LA
VERDAD
VENDRA EL SEÑOR CON
SU FUERZA
EL ROMPERA LAS
CADENAS
EL NOS DARA LA
LIBERTAD.**

Él estará a nuestro lado
Él guiará nuestros pasos
Él nos dará la salvación
Nos limpiará del pecado
Ya no seremos esclavos
Él nos dará la libertad.

Visitará nuestras casas,
Nos llenará de esperanza,
Él nos dará la salvación.
Compartirá nuestros
cantos,
Todos seremos hermanos
Él nos dará la libertad.

Caminará con nosotros,
Nunca estaremos ya solos,
Él nos dará la salvación.

Él cumplirá la promesa,
Y llevará nuestras penas,
Él nos dará la libertad.

254.

**VAMOS AL PORTAL
CON TAMBORITO DE
PANAMA
AL NIÑO ADORAR
QUE EN UN RANCHITO
HA NACIDO YA
VAMOS A CANTAR
QUE NUESTRO PUEBLO
CONTENTO ESTA
HAY QUE FESTEJAR
PORQUE HA LLEGADO
LA NAVIDAD.**

Llevemos flauta, caja y
tambor
Guitarra, bajo y un
acordeón
El campesino alzará su voz
De tierra adentro p' al Niño
Dios.

José y María con hambre
están
Llevemos leche acabá de
ordeñar
Quesito fresco y café con
pan
Arroz con coco, bollo y
tamal.

Una saloma al salir el sol
será el regalo de nuestro
amor
y cantaderas de dos en dos
para el Dios niño que nos
salvó.

Nuestra comida bien
prepará
pa'l barrio entero debe
alcanzar
pues como amigos en
hermandad
partimos too lo que Dios
nos da.

255.

Vamos camino de la
esperanza levantando la
frente,
*//Con tu Palabra que es
nuestra guía,
Con el empeño de nuestra
gente//.*

Vamos camino del nuevo
día
con los ojos abiertos,
*//Con tu ejemplo que va
Adelante con nuestras
manos llenas de sueños//.*

**Y NOS HAS LLAMADO
DESDE NUESTRO DIARIO
VIVIR,
Y NOS HAS LLAMADO
Y NOS VAS TRAYENDO
HASTA AQUÍ.**

**PARA DECIRNOS,
SEÑOR,
QUE TU NOS AMAS
PARA QUE ABRAMOS,
LAS PUERTAS DEL
CORAZÓN;
PARA SENTIR HOY TU
AMOR
QUE HERMANA
Y RENOVAR TRAS TU
HUELLA
NUESTRA CANCIÓN.**

Vamos camino de la
esperanza
Dando la espalda al miedo,
//Con tu palabra que nos
anima,
Con el deseo de andar tu
sendero//.

Vamos camino del nuevo
día
creyendo que es posible;
//Dejando atrás los viejos
prejuicios,
Sabiendo que Tú nos
haces libres//
**Y nos has llamado
Desde nuestro diario
vivir,
Y nos has llamado
Y nos vas trayendo hasta
aquí.**

256.

**//VAMOS JUBILOSOS, AL
ALTAR DE DIOS. CRISTO
ES PAN DE VIDA, EN LA
COMUNIÓN//.**

Deja que el Señor te
envuelva en su amor,
Satisfaga toda tu alma y tu
corazón,
Ouoh, oh, uoiga, y tu
corazón.

Señor de los cielos, danos
paz y amor,
Hoy que te recibo entero en
la comunión.
Ouoh, oh, uoiga, en la
comunión.

Si te sientes solo y
derrotado ya no olvides
Que Cristo siempre, a tu
lado esta.
Ouoh, oh, uoiga, a tu lado
esta.

Cuando Cristo entra en mi
corazón,
No guarda rencor mi alma,
penas no dolor
Ouohm oh, uoiga, penas ni
dolor.

257.

Juntos vamos hoy
cantando
Y evangelizando, es el
tercer milenio.
Jesucristo nos invita
hacer Bueno nueva para
nuestro pueblo.
Jubilosos construyamos
En todos los pueblos de
Panamá,
//El reinado de
Jesucristo,
La paz y justicia, amor y
libertad//.

**VAMOS JUNTOS A
EVANGELIZAR
A ANIMAR NUESTRA
COMUNIDAD,
A LLEVAR LA PAZ Y
LA VERDAD,
A SER SIGNO DE
FRATERNIDAD.
SOLIDARIOS CON EL
POBRE DE
HOY AL TERCER
MILENIO VAMOS YA.**

Vamos junto a
evangeliza…
Vamos ya.

El trabajo por el reino reta
Y compromete con los
excluidos,
Nos llama a ser
solidarios,

Llevar la buena nueva al
empobrecito.
Continuemos esta obra
Que hemos recibido
Como nuestra herencia,
Juntos evangelicemos y
luchemos contra la
pobreza.

258.

Caminar, a lo largo de esta
Vida pero agarrados de tu
mano.
Y saber que no hay nada
en este mundo que pueda
separarnos.
*//VEN JESÚS, VEN A MI
VIDA, DANOS TU
FUERZA PARA ANDAR//.*

Recordar siendo niño ese
momento cuando supe
abrir mis labios.
Descubrir mis secretos en
tus manos y decirte que te
quiero.
Compartir una fiesta como
amigos,
Recordando tus palabras.
Y comer, y beber de tu
alimento que da vida en
abundancia.

259.

//VEN ESPÍRITU, VEN Y LLÉNAME SEÑOR CON TU PRECIOSA UNCIÓN//.

//Purifícame y lávame, renuévame, restáurame señor, con tu poder//.

//Purifícame y lávame, renuévame, restáurame señor, te quiero conocer//.

260.

VEN, SALVADOR. VEN SIN TARDAR, DANOS TU GRACIA Y TU PAZ. VEN, SALVADOR. VEN SIN TARDAR, DANOS TU FUERZA Y VERDAD.

Nos diste tu palabra, es firme nuestra espera. Iremos tras tus huellas, sabemos que vendrás. Ven, ven, Señor Jesús.

Los hombres de mi Pueblo esperan que Tú vengas. Que se abran horizontes por donde caminar. Ven, ven, Señor Jesús.

Vendrás con los que luchan por una tierra nueva, vendrás con los que cantan justicia y hermandad. Ven, ven, Señor Jesús.

261.

¡VEN, SEÑOR, A NUESTRA VIDA, QUE YA ESTAMOS EN ADVIENTO! VEN PRONTO, QUE TE ESPERAMOS Y SALIMOS A TÚ ENCUENTRO. ¡VEN, SEÑOR, A NUESTRA VIDA, VENGA NOSOTROS TU REINO!

Lo anunciaron los profetas, y le vieron desde lejos; para cumplir sus promesas vino a salvar a su pueblo.

Nuestro mundo cotá esperando, el Señor sigue viniendo: ahora viene por la gracia al corazón de su pueblo.

Como Rey de las naciones y Señor del Universo vendrá al final de la Historia, a reunir a su pueblo.

Preparadle los camino, Juan predica en el desierto. La Virgen Madre concibe la Palabra en el silencio.

262.

Ven, Señor Jesús
Ven Señor a salvarnos.
//VEN, SEÑOR
ESPERAMOS LA LUZ DE
TU SALVACIÓN// (2).

263.

/// VEN, VEN SEÑOR NO
TARDES MÁS; VEN,
SEÑOR JESÚS ///.

Desde el fondo de los
siglos va elevándose un
clamor
//como un grito de
esperanza ansiando un
Redentor//.

Desde el fondo de los
siglos busca el hombre un
salvador. // Mira al cielo y a
la tierra va buscando a Dios
Amor//.

Las promesas se han
cumplido va a nacer el niño
Dios. // Cielo y tierra ya se
abrazan, la esperanza
floreció//.

264.

VEN, VEN, SEÑOR, NO
TARDES. VEN, VEN, QUE
TE ESPERAMOS. VEN,
VEN, SEÑOR, NO
TARDES, VEN PRONTO,
SEÑOR.

El mundo muere de frío,
el alma perdió el calor, los
hombres no son hermanos,
el mundo no tiene amor.
Envuelto en sombría
noche, el mundo, sin paz,
no ve;
buscando va una
esperanza,
buscando, Señor, tu fe.
Al mundo le falta vida,
al mundo le falta luz,
al mundo le falta el cielo, al
mundo le faltas tú.

265.

Vengo ante ti mi señor
Reconociendo mi culpa
Con la fe puesta en tu amor
Que tú me das como a un
hijo
Te abro mi corazón
Y te ofrezco mi miseria
Despojado de mis cosas
Quiero llenarme de ti
Despojado de mis cosas
Quiero llenarme de ti.

QUE TU ESPIRITU
SEÑOR
ABRASE TODO MI SER
HAZME DOCIL A TU VOZ
TRANSFORMA MI VIDA
ENTERA
HAZME DOCIL A TU VOZ
TRANSFORMA MI VIDA
ENTERA.

Puesto en tus manos Señor
Siento que soy pobre y
débil
Más tú me quieres así
Yo te bendigo y te alabo
Padre en mi debilidad
Tú me das la fortaleza
Amas al hombre sencillo
Le das tu paz y perdón
Amas al hombre sencillo
Le das tu paz y perdón.

266.

**//VENID A CELEBRAR LA
PASCUA DEL SEÑOR, LA
JUVENTUD ETERNA DE
SU AMOR//.**

Venid a contemplar la luz
de un nuevo sol, la paz
podemos declarar, el triunfo
del amor.
Hoy Resucito y la libertad
salió de su prisión.

Venid a contemplar la luz
de un nuevo sol, la
primavera vuelve ya vestida
de color.
Hoy Resucito y la libertad
nos abre el corazón.

Venid a entonar una alegre
canción, con palmas y con
fuerte voz a Cristo publicad.
Hoy Resucito y la libertad
su vuelo ya emprendió.

267.

Venid, fieles todos,
entonando himnos;
venid jubilosos, a Belén
venid.
Hoy ha nacido el Rey de
los cielos.
Cristianos adoremos,
cristianos adoremos,
cristianos adoremos al Hijo
de Dios.

Un ángel de cielo llama a
los pastores
que siempre el humilde
cerca está de Dios.
Vamos entonando himnos
de alegría.
Cristianos adoremos,
cristianos adoremos,
cristianos adoremos al Hijo
de Dios.

Humildes pastores dejan el
rebaño
y llevan sus dones al Hijo
de Dios.
Nuestras ofrendas con su
amor llevamos.
Cristianos adoremos,
cristianos adoremos,
cristianos adoremos al Hijo
de Dios.

Bendita la noche que nos
trajo el Día,
bendita la noche de
Navidad.

Desde un pesebre el Señor
nos llama.
Cristianos adoremos,
cristianos adoremos,
cristianos adoremos al Hijo
de Dios.

El Dios invisible vístese de
carne,
el Rey de la gloria llorando
está.
Viene a la tierra a darnos el
cielo.
Cristianos adoremos,
cristianos adoremos,
cristianos adoremos al Hijo
de Dios.

La luz de la estrella a los
sabios guía
y alumbra el misterio de
Navidad.
Fieles sigamos esa Luz del
cielo.
Cristianos adoremos,
cristianos adoremos,
cristianos adoremos al Hijo
de Dios.

Hermanos, vayamos,
jubilosa el alma,
la estrella nos llama junto a
Belén.
Hoy ha nacido el Rey de
los cielos.
Cristianos adoremos,
cristianos adoremos,
cristianos adoremos al Hijo
de Dios.

268.

**VENID PASTORCILLOS,
VENID A ADORAR
AL REY DE LOS CIELOS
QUE HA NACIDO YA (BIS).**

Un rústico techo abrigo le
da
por cuna un pesebre por
templo un portal;
en lecho de paja dormidito
está
quien ve a las estrellas a
sus pies brillar.

Hermoso lucero que vino a
anunciar
y magos de oriente
buscándole van.
Delante se postran del Rey
de Judá
oro, incienso y mirra, tributo
le dan.

Su madre en los brazos
meciéndole está
y quiere dormirle con dulce
cantar.
Un ángel responde al
mismo compás
Gloria en las alturas y en la
tierra paz.

269.

Ven, ven, ven Espíritu
divino, ven, ven, ven,
acércate a mí (bis).
Apodérate, apodérate,
apodérate de todo mi ser
(bis).
Aquí se siente la presencia
de Dios (bis).
Siento el fuego del Espíritu
Santo (bis).
Siento gozo, siento paz,
siento el amor que mi Dios
me da (bis).
Aquí se siente la presencia
de Dios (bis).

270.

Venimos ante ti Señor
Con corazones sinceros
Llenos de alabanza
Y de adoración (bis).

Porque tú eres Rey de
reyes
Y Señor de señores
Tú eres digno
De que todos te adoren.

271.

Vive Jesús, él Señor,
vive Jesús, él Señor. Él
vive, él vive, él vive,
vive Jesús, él Señor.

Reina Jesús, él Señor,
Reina Jesús, él Señor. El
Reina, él Reina, él Reina,
Reina, Reina Jesús, él
Señor.

272.

Venimos con alegría, al
encuentro del Señor (2)
Con la luz que nos guía
Juan Bautista mi Patrón (2).

**//VAMOS AL BANQUETE
DEL SEÑOR, AL
SACRIFICIO DE
NUESTRO DIOS
VAMOS A LA MESA DEL
AMOR, CON EL
BAUTISTA DEL SEÑOR//.**

El pueblo de Divala
muy regocijado esta (2)
Pues tiene como
Patrón al que bautizo a
Jesús (2).

Que preparen el camino
para esperar a Jesús (2)
Anunciaba Juan Bautista el
mensajero del amor (2).

273.

Venimos para ofrecernos
con gran amor y alegría,
hermanados de un pueblo
que se haga la eucaristía.
Como los granos de trigo,
molidos y triturados,
queremos hacernos signos
de unidad de hermanos.

COMO LOS GRANOS DE TRIGO, MOLIDOS Y TRITURADOS QUEREMOS HACERNOS SIGNOS DE UNIDAD DE HERMANOS.

Que todos nos entreguemos como esta gotita de agua y en el cáliz que bebemos nos de tu amor y tu gracia.
Con las manos de María, unidas a las del Padre, recibe con esta misa la hostia de nuestra Patria.

274.

VICTORIA TU REINARAS OH CRUZ, TU NOS SALVARAS (BIS).

El Verbo en ti clavado
Muriendo nos rescató
De ti, madero santo
Nos viene la redención.

Extiende por el mundo
Tu reino de salvación
Oh cruz, fecunda fuente
De vida y bendición.

Impere sobre el odio
Tu reino de caridad
Alcancen las naciones
El gozo de la unidad
Aumenta en nuestras almas.
Tu reino de santidad

El río de la gracia
Apague la iniquidad.
La gloria por los siglos
A Cristo libertador
Su cruz nos lleva al cielo
La tierra de promisión.

275.

VIENEN CON ALEGRIA SEÑOR CANTANDO VIENEN CON ALEGRIA SEÑOR LOS QUE CAMINAN POR LA VIDA SEÑOR SEMBRANDO TU PAZ Y AMOR.

Vienen trayendo la esperanza
a un mundo cargado de ansiedad
a un mundo que busca y que no alcanza
caminos de amor y de amistad.

Vienen trayendo entre sus manos
esfuerzos de hermanos por la paz.
deseos de un mundo más humano
que nacen del bien y la verdad.
Cuando el odio y la violencia
aniden en nuestro corazón,
el mundo sabrá que por herencia

le aguardan tristezas y
dolor.

276.

Ya no eres pan y vino,
ahora que eres cuerpo y
sangre,
vives en mí.
De rodillas yo caigo
al contemplar tu bondad,
cómo no te voy a adorar.
Mientras te pierdes en mis
labios,
tu gracia va inundando todo
mi corazón
por esa paz que me llena
de alegría mi ser, cómo no
te voy a adorar.

**Señor Jesús, mi salvador,
amor eterno, amor divino
ya no falta nada, lo tengo
todo,
te tengo a ti
ya no falta nada, lo tengo
todo,
te tengo a ti.**

Dueño y Rey del universo
cómo puede ser posible
que busques mi amor
Tú tan grande y yo
pequeño y te fijas en mi
cómo no te voy a adorar
De rodillas yo te pido
que el día cuando tú me
llames sea como hoy
para mirarte a los ojos y
poderte decir

que cómo no te voy a
adorar.

277.

Yo no soy digno de que
entres en mi hogar
Cristo peregrino no
merezco tal
Pero qué alegría en el
olvido siento ya
Él toca mi puerta me quiere
visitar (bis).

**CRISTO QUIERE
QUE LE ABRA MI
PUERTA
CRISTO QUIERE A MI
CASA ENTRAR (BIS)
QUE SE ABRAN TODAS
LAS PUERTAS
LAS PUERTAS DE
TODAS LAS CASAS
LAS CASAS
NO SE QUEDE NI UNA
CERRADA
QUE SE ABRAN DE PAR
EN PAR (BIS)
AMAOS, AMAOS ES SU
SALUDO
AMAOS COMO OS
ENSEÑE A AMAR (BIS).**

Estoy tocando a tu puerta
quiero entrar
No me la tires si me ves
llegar
Soy peregrino y ansío
visitar

A todas las casas de mi
Panamá (bis).

Con mi madre María y José
Formamos la familia de
Nazaret
Mi bendición mi hogar mi
fuerza y mi paz
Eternamente te las doy
déjame entrar (bis).

En esta imagen bendita
estás señor
Y eres Cristo vivo, el hijo de
Dios
Si desde infante te llevo en
mi corazón
Que mi fe no cambien los
que no comparten
Como creo yo (bis).

278.

Yo no soy nada y del polvo
nací
Pero tú me amas y moriste
por mí
Ante la cruz sólo puedo
exclamar
Tuyo soy, tuyo soy.

**TOMA MIS MANOS, TE
PIDO
TOMA MIS LABIOS, TE
AMO
TOMA MI VIDA, OH
PADRE
TUYO SOY, TUYO SOY.**

Cuando de rodillas te miro
señor
Veo tu grandeza y mi
pequeñez
Qué puedo darte yo, sólo
mi ser
Tuyo soy, tuyo soy.

279.

Yo siento Señor que tú me
amas
yo siento señor que te
puedo amar
háblame Señor que tu
siervo escucha
háblame qué quieres de mí
**Señor tu has sido grande
para mi
en el desierto de mi vida
háblame
yo quiero estar
dispuesto a todo
toma mi ser
mi corazón es para ti.**

**POR ESO CANTO TUS
MARAVILLAS
POR ESO CANTO TU
AMOR (BIS).**

Te alabo Jesús por tu
grandeza
mil gracias te doy por tu
gran amor
heme aquí señor para
acompañarte
heme aquí qué quieres de
mí.

280.

Yo soy el Pan de Vida.
El que viene a mí no tendrá hambre.
El que cree en mí no tendrá sed.
Nadie viene a mí, si mi Padre no le atrae.

**///YO LE RESUCITARÉ///
EN EL DÍA FINAL.**

El pan que yo os daré,
es mi cuerpo, vida del mundo.
El que come mi carne,
tendrá vida eterna, tendrá vida eterna.

Si no coméis la carne del Hijo del Hombre y no bebéis su sangre.
No tendréis vida en vosotros, no tendréis vida en vosotros.

Yo Soy la Resurrección, Yo Soy la Vida, quien cree en Mi.
Aun cuando muera, tendrá Vida Eterna.

Sí Señor yo creo que Tu eres el Cristo, el Hijo de Dios
Que venido al mundo, que ha venido al mundo.

281.

**YO TENGO GOZO EN EL ALMA
GOZO EN EL ALMA
GOZO EN EL ALMA Y EN MI SER
ALELUYA GLORIA A DIOS
ES COMO UN RIO DE AGUA VIVA
RIO DE AGUA VIVA
RIO DE AGUA VIVA EN MI SER.**

Vamos cantando con todo su poder (bis)
Da gloria a Dios, gloria a Dios,
da gloria a Él.
Vamos cantando con todo su poder.

No te avergüences y alaba a tu Señor (bis)
Da gloria a Dios...

Ama a tu hermano y alaba a tu Señor (bis)
Da gloria a Dios...

Ama a María y alaba a tu Señor (bis)
Da gloria a Dios...

282.

Yo tengo fe que todo
cambiará
que triunfará por siempre el
amor,
yo tengo fe que siempre
brillará
la luz de la esperanza no
se apagará jamás.

Yo tengo fe, yo creo en el
amor,
yo tengo fe, será todo
mejor,
se callarán el odio y el
dolor,
la gente nuevamente
hablará de su ilusión.

Yo tengo fe, porque yo creo
en Dios,
yo tengo fe, también mucha
ilusión,
porque yo sé, será una
realidad,
el mundo de justicia que ya
empieza a despertar.

Yo tengo fe, los hombres
cantarán
una oración de amor
universal,
yo tengo fe, será una
realidad
el mundo de justicia que ya
empieza a despertar.

La, la, la...

283.

Yo vengo del sur y del
norte, del este y oeste, de
todo lugar.
Caminos de vida recorro,
llevando socorro y
queriendo ayudar. Mensaje
de paz es mi canto y cruzo
montañas y voy hasta el fin.
El mundo no me satisface,
lo que busco es la paz, y lo
que quiero es vivir.

**AL PECHO LLEVO UNA
CRUZ Y EN MI CORAZÓN
LO QUE DICE JESÚS.**

Yo sé que no tengo la edad
ni la madurez de quien ya
vivió, más sé que es de mi
propiedad buscar la verdad
y
gritar con mi voz. El mundo
va herido y cansado de un
negro pasado de guerra sin
fin. Hoy teme la bomba que
hizo y la fe que deshizo y
espera por mí.

Yo quiero dejar mi recado,
no tengo pasado, pero
tengo amor, el mismo de un
Crucificado que quiso
dejamos un mundo mejor.
Yo digo a los indiferentes,
que soy de gente que cree
en la cruz, y creo en la
fuerza del hombre que

sigue el camino de Cristo Jesús.

MISAS TIPICAS
MISA DE LA ALEGRIA
Por: Néstor Jaén, sj

284.

Subamos al altar,
que el sacrificio ya va a empezar.
Subamos al altar,
que nos espera el Rey Celestial.

SUBAMOS, SUBAMOS, ALEGRES EN HERMANDAD, QUE DIOS NOS INVITA A SU BANQUETE DE AMISTAD (BIS).

La misa nos ha reunido;
todos queremos cantar
al Padre de la alegría
que es Vida, Luz y Verdad. (bis).

La misa es el don más grande
de Dios a la humanidad;
es cristo que nos asocia

a su Misterio Pascual (bis).

285.

Señor, ten piedad de nosotros (3)
Cristo, ten piedad de nosotros (3)
Señor, ten piedad de nosotros (3)
Ten piedad, ten piedad de nosotros.

286.

Gloria a Dios en el cielo
y en la tierra paz
a los hombres de buena voluntad.
Te alabamos, *te bendecimos,*
te adoramos, *te glorificamos*
te damos gracias
por tu Inmensa gloria,
Señor,
Dios, Rey celestial,
Dios Padre todopoderoso.

Señor, Hijo único
Jesucristo.
Señor Dios Cordero de Dios,
Hijo del Padre
Tú que quitas el pecado del mundo
ten piedad de nosotros.
Tú que quitas el pecado del mundo.
atiende a nuestras súplica.

Tú que estás sentado a la derecha del Padre,
ten piedad, *ten piedad de nosotros*
Porque solo Tú eres Santo, *solo Tu Señor*
Solo tu *Altísimo Jesucristo*
con el Espíritu Santo *en la Gloria de Dios Padre, Amen.*

287.

Te ofrecemos, Padre eterno,
de la tierra nuestro don,
para que nos lo conviertas
en tu Hijo, el Salvador (bis).

**VINO Y PAN DAMOS HOY,
SE TRANSFORMARÁN EN DIOS (BIS).**

Toda el alma de este pueblo
la ponemos con amor
junto al cáliz y las hostias
en señal de adoración (bis).

Presentamos nuestras culpas
ante el ara del perdón.
Las ofrendas hechas Cristo
nos darán la salvación (bis).

288.

Santo (3) es el Señor (bis)
Dios del universo

Llenos están el cielo
y la tierra, de su gloria
Hosanna en el Cielo.

Bendito es el que viene
en el nombre del Señor,
Hosanna en el Cielo.

289.

Cordero de Dios,
que quitas el pecado del mundo,
ten piedad de nosotros.
(bis).

Cordero de Dios,
que quitas el pecado del mundo
danos la paz.

290.

**ARRIBA LOS CORAZONES,
VAYAMOS TODOS AL PAN DE VIDA, QUE ES FUENTE DE GLORIA ETERNA, DE FORTALEZA Y DE ALEGRÍA (BIS).**
A Ti acudimos sedientos,
¡Ven, Señor!
Tenemos fe en tu misterio
¡Ven Señor!,
Queremos darte la vida,
¡Ven, Señor!

Con sus dolores y dichas,
¡Ven, Señor!

Queremos ser más
hermanos….
Que nunca nos
dividamos…
Aparta el odio del mundo…
Que exista un orden más
justo…

Que no haya luchas
fraternas…
ni esclavitud ni miseria…
que venga a todos tu
reino…
y que al morir te
encontremos…

291.

**LA EUCARISTÍA YA
TÉRMINO,
TENEMOS A CRISTO EN
EL CORAZÓN
VAYAMOS AHORA CON
ILUSIÓN A ALEGRAR A
LOS
HOMBRES CON EL
AMOR.**

Al niño que juega y ríe
con sencillez y candor,
al joven que se revela
porque quiere un mundo
mejor.
A los padres que cultivan
sus hijos en el amor
para que libres y dignos

sirvan al mundo y a Dios.

Al campesino que riega
la tierra con su sudor,
al obrero que transforma
la materia con ardor,
a los hombres que dirigen
nuestra querida nación
y a los que la purifican
desde la cruz del dolor.

MISA DEL QUINTO
CENTENARIO 1992
Por. Néstor Jaén, sj

292.

Hoy venimos llenos de
ilusión,
Señor, ante tu altar con un
largo
camino recorrido;
son quinientos los años de
un
andar que no pueden con
su luz
y sombra estar en el olvido.
Tú sembraste, fruto del
amor,
tu gracia en nuestra tierra
y los hombres pusimos la
maldad
Hoy queremos buscar con
esperanza el futuro de una
tierra
nueva en solidaridad.

QUE ESTA MISA, SEÑOR, NOS DE TU IMPULSO PARA HACER UN CONTINENTE QUE COMPARTA SUS BIENES Y SUS CANTOS QUE ROMPA LOS YUGOS DE LA MUERTE (BIS).

Son iguales las razas y pueblos
ante Ti, Señor
indios, blancos, morenos y mestizos las culturas Tú quieres
abrazar como lo hace un padre
justo y bueno con todos sus hijos.

Tú no quieres las oscuras nubes
que vienen del norte relaciones
injustas de opresión, sino días
brillantes de justicia cuando llegue a nuestra patria grande la
liberación.

293.

Por aquellos que esclavizaron, negros
Señor, Ten Piedad.

Por aquellos que exterminaron indios
Cristo, Ten Piedad.

Por los que irrespetaron las culturas
Señor, Ten Piedad.

Y por los misioneros que callaron
//Cristo, Ten Piedad//.

Por las faltas de ayer que hoy repetimos
Señor, Ten piedad.

Por no ser solidarios como hermanos
Cristo, Ten Piedad.

Por no ser la unidad de fe y de vida
Señor, Ten Piedad.

Por romper el proyecto de tu Reino.

///Cristo, Ten Piedad///.

294.

//EN LAS ALTURAS GLORIA AL SEÑOR Y EN TODAS LAS NACIONES AL HOMBRE PAZ//.

Te alabamos, te bendecimos
te adoramos, Padre y Señor.
Por tu gloria te damos gracias
oh Cordero de nuestro Dios (2).

Tú Jesús, el pecado quitas

136

y al mundo le ofreces
perdón,
Ten piedad, hoy te
suplicamos
y recibe nuestra oración
(2).

Porque sólo Tú eres el
Justo
a la derecha del Creador
y con el Espíritu Santo
en la gloria eterna de Dios.
(2).

295.
**ALELUYA, ALELUYA,
ALELUYA, ALELUYA (BIS).**

Habla, señor, que tu pueblo
te escucha con atención
porque Tú tienes palabras
de vida y liberación (bis).

Aleluya…

296.
*Creo y espero en Ti,
Amor te doy, Señor (bis).*

Creo en Dios creador del
universo
y en la tierra americana que
es
vida, lucha, patria y fe.
Creo en los trabajos de sus
gentes
y en la alegría de sus
fiestas

cuando son signos de amor
(bis).

*Creo y espero en ti, Amor
Te doy, Señor (bis).*

Creo en Jesucristo carne
nuestra
que es Dios nacido de
María y que
murió y resucitó;
creo en el espíritu de vida
que nos impulsa en el
camino
con la verdad y el amor (bis).

Creo y espero….

Creo en la Iglesia que nos
perdona, que es tierra
santa y
pecadora y se hace pueblo
al caminar
Creo en la venida de tu
Reino y en una vida que no
acaba
Son tus promesas, Señor (bis).

297.
Nos presentamos ante el altar
para
ofrecer y compartir
lo que tenemos, lo que
esperamos,
pedazos del vivir.
Aquí venimos, pueblos
hermanos
que el egoísmo desunió

para encontrarnos en el esfuerzo
en él hacia la comunión.

**A LOS GRANOS DEL PAN
Y ALAS UVAS DEL VINO
QUEREMOS
ASOCIARNOS
AL ANDAR EL CAMINO,
PARA QUE NOS
TRANSFORMES
EN TI SEÑOR JESÚS
Y SEAMOS PARA EL
MUNDO
REFLEJOS DE TU LUZ.**

Te presentamos nuestras familias
las que rompieron el amor
y las que viven para ser signos
de vida y comunión.
Te presentamos nuestras culturas,
notas de un diverso cantar
que desde el fondo de sus
riquezas lucha por la unidad.
Te presentamos nuestros conflictos
sede de justicia y libertad
pueblos heridos en sus derechos
en busca de la paz.
Te presentamos nuestras
Iglesias con sus carismas para
amar con sus opciones y sus
proyectos, nuevo evangelizar.

298.
Santo, Santo es el Señor (bis).

Señor Dios del universo te proclaman sin cesar
Con hosannas jubilosos tierra,
el cielo y el mar.

*Señor Dios del universo
te proclaman sin cesar
con hosannas jubilosos
la tierra, el cielo y el mar.*

Santo…

Bendito es aquel que viene a traernos la unidad en el nombre
de Dios Padre como solidaridad.

*Bendito es aquel que viene
a traernos la unidad en el
nombre de Dios Padre
como solidaridad.
Santo…*

299.
Padre nuestro que estás en los cielos
Santificado sea tu Nombre.

*Padre nuestro, Señor del
mundo
gloria por siempre a Ti
Señor.*

Venga a nosotros, venga
Tu Reino
Hágase siempre tu
voluntad.

**Padre Nuestro, Señor del
mundo
Hágase siempre Tu
voluntad.**

Así en la tierra como en el
cielo
y danos hoy y cada día el
pan.
**Padre Nuestro, Señor del
mundo
Gracias te damos por
este Pan.**

Perdona, padre nuestras
ofensas
Como perdonamos al que
nos ofende.
**Padre nuestro, Señor del
mundo
Bendito seas por tu
Perdón.**

Y no nos dejes caer en
tentación,
Líbranos siempre de todo
mal.

**Padre nuestro, Señor del
mundo
Líbranos siempre de todo
mal.**

Porque tuyo es, Señor el
poder y la gloria

Ahora y por todos los siglos
de los siglos.
**Padre nuestro, Señor del
mundo
Gloria por siempre a Ti
Señor.**

300.
La paz, la paz, es fruto de
la justicia
un don de Dios que
queremos aceptar.

La Paz….
Unidos mano con mano
queremos
hacer la paz
la paz con nuestra
conciencia
con Dios y con los demás
(bis).

Paz con la naturaleza, que
debemos respetar
cuando en ella trabajemos
por bien de la humanidad (bis)

La Paz...

301.
*Codero de Dios
Cordero de Dios te
pedimos que quites por
tu bondad los pecados
del mundo
y nos concedas la Paz
(bis).*
Quita el pecado del
corazón

y la estructura de la
opresión (bis).
Cordero...

302.

Con guitarras y tambores,
con maracas y marimbas
estamos hoy celebrando
el banquete de la vida
donde Tu eres nuestro pan
y el bono que nos alegra
para transformar el mundo
como el mejor fruto de esta
bella fiesta (bis).

**ERES, SEÑOR, RICO
MANJAR
DE DONDE BROTA
COMO DE UNA FUENTE
LA
FRATERNIDAD
ERES SEÑOR, RICO
MANJAR DE DONDE
BROTA COMO DE UNA
FUENTE NUESTRA
LIBERTAD.**

Aquí todos somos uno, los
de la costa y la sierra
los indios, negros y blancos
de la ciudad a la selva.

Aquí las armas se funden
para construir arados
aquí los odios se olvidan y
el amor se aviva al
estrechar las manos (bis).

El banquete de esta misa
en el que todos comemos
despierta nuestra
esperanza
de forjar un mundo nuevo
donde alcancen para todos
los bienes de la creación y
donde muera el pecado
porque ya ha triunfado la
Ley del amor (bis).

303.

Los hombres y mujeres que
que aquí hemos recibido de
Tu
Cuerpo y Tu Sangre la
fuerza de amar que al salir
de este templo no
quedemos
frustrados porque nuestras
palabras y nuestros
sentimientos murieron sin
actuar (bis).

**YA GUSTAMOS TU PAN Y
TU VINO, SEÑOR
YA SACIAMOS EL
HAMBRE;
QUE LO QUE HEMOS
COMIDO
SE CONVIERTA EN VIDA
DESPUÉS EN LA CALLE
YA GUSTAMOS TÚ PAN Y
TÚ
VINO, SEÑOR,
YA SACIAMOS EL
HAMBRE;
QUE LO QUE HEMOS
COMIDO,**

SE CONVIERTA EN VIDA DESPUÉS EN LA CALLE (BIS).

Los pobres de la tierra aquí hallan esperanza
los tristes y exiliados consuelo en
su dolor que al salir de este templo no se sientan frustrados
porque los que decimos creer en
Jesucristo negamos el amor.

La vida de justicia destruye la
violencia que en nuestro continente produce tanto mal,
Que al salir de este templo sembremos la semilla que luego
se convierta por obra de tu gracia en el árbol de la paz.

304.

La virgen de Guadalupe
como Madre de esta tierra
hoy se une a nuestro canto
para brindarte las gracias
por la luz del Evangelio
que llegó en vasos de barro
y aún en medio del pecado
fue el regalo de tu amor.

La semilla dio sus frutos
Santa Rosa, Fray Escoba

Marianita y San Felipe,
Toribio, Pedro Claver y los otros
que te dieron con su vida y con su
sangre testimonio de su amor.

Gracias te damos por el ayer
Porque entre sombras
Porque entre sombras
Brillo la Fe (bis).

Te damos gracias,
por los mártires y santos del presente
muchos llegaron desde el Norte y
el Antiguo Continente para fundirse
con la vida y con la vida y con la
Sangre americana que florecen por
la fe y por la justicia en un mundo
sin entrañas.

Desde esta Misa
sale un grito de los pueblos
americanos que surja nueva la
doctrina que nos trajo Jesucristo;
que nos amamos,
los del norte, los del sur, este y
oeste, que borremos los errores

del pasado y en la unión podamos
verte.

Por el presente gracias también,
Porque entre sombras (2)
Brilla la Fe (bis).

MISA FOLCLORICA AL CRISTO RESUCITADO
Por: Franco Poveda

305.

Caminemos, asamblea santa vamos a la Misa,
vamos al sacrificio.
Testifiquemos la sangre que ha derramado e Señor.

VÁMONOS, VÁMONOS, VÁMONOS, AL SEÑOR (4).

Lleguemos jubilosos a la mesa del Señor. Vamos al sacrificio de Cristo Redentor (Bis).

Llevemos la luz, la paz y el amor. Llevemos la señal de Cristo Salvador (Bis).

Cristo, luz del mundo, Tú eres mi pastor. Nada nos faltara unido en amor. (Bis)
Hermanos campesinos marchemos sin temor:
vamos a participar del banquete del Señor (Bis).

306.

Señor, Señor, ten piedad,
ten piedad de nosotros.
Cristo, Cristo, ten piedad,
ten piedad de nosotros.
Señor, Señor, ten piedad,
ten piedad de nosotros.

307.

Gloria a Dios en el cielo,
Gloria a Dios en la tierra,
Gloria a Dios en los hombres,
Gloria a Ti, Señor (Bis).

Te bendecimos, oh mi Padre celestial.
Te glorificamos, oh mi Dios universal (Bis).

GLORIA, GLORIA, GLORIA TI,
SEÑOR, POR TU AMOR,
POR TU
BONDAD TE LLEVAMOS,
TE ALABAMOS, TE
ADORAMOS, TE DAMOS
GRACIAS POR TU AMOR,
OH GRAN SEÑOR.

Cristo, luz del mundo,
cordero y mediador,
enviado de Dios Padre,
testimonio del Señor (Bis).

Tú que quitas el pecado,
ten misericordia, no nos desampares, oh, mi Cristo y Salvador (Bis).

Gloria, gloria al Espíritu
Santo: que derrame sus
frutos a la comunidad (Bis).

El don del Espíritu Santo
ilumina la palabra, conduce
todo lo creado con la luz de
su verdad (Bis).

308.
Aleluya, aleluya (2).

Te cantamos, te alabamos,
oh Dios, Padre Celestial.

Con torrente y mejorana le
cantamos a nuestro Dios.

Con saloma campesina hoy
te alabo a Ti, Señor.

309.
Recibe, mi Dios bendito,
recibe el pan y el vino; que
se convierta en el Cuerpo y
la Sangre del Señor para
que tu pueblo en Cristo
marche en pos del amor a
compartir como hermanos
el gran reto del Creador.

**SUBAMO A LA MESA
DEL SEÑOR
PARA OFRECERNOS
UNIDOS (2)
LLEVEMOS TODOS LA
SEÑAL DE MI CRISTO
SALVADOR.**

**//LLEVO AL SEÑOR,
LLEVO AL SEÑOR.
VAMOS ALEGRES CON
EL SEÑOR//.**
Pueblo de Dios ya tenemos
tu sagrada comunión para
marchar confortados con el
Cuerpo del Señor.
Abramos los corazones a
Cristo resucitado, para que
su pueblo unido riegue el
mensaje de amor.

310.
**OH, OH, OH, OH, OH,
OIGA SANTO ES EL
SEÑOR (4).**

Santo, Santo es el Señor,
hosanna en el cielo.
Bendito es el que viene en
el nombre del Señor (2).

Santo, Santo es el Señor
Dios de las alturas.
El cielo y la tierra llenos de
tu gloria, gran Señor (2).

311.
Cordero de Dios, que has
venido a quitar el pecado
del mundo, ten piedad, ten
piedad, ten piedad de
nosotros (2).

Cordero de Dios, en el
mundo que has derramado
tu sangre, tu pan: Danos la

paz. Ten piedad, ten piedad, ten piedad de nosotros (2).

OH, OH, OH, OH, OH, DANOS EL CORDERO, LA PAZ. OH, OH, OH, OH, OIGA DANOS LA PAZ. AMÉN.

312.

VAMOS A TU ENCUENTRO, SEÑOR, TOOS UNIDOS EN PAZ A PARTICIPAR DE TU PAN OH MI CRISTO REDENTOR (BIS).

Para marchar confortados con tu mensaje, Señor, tu pueblo santo camina, oh mi Cristo Redentor (Bis).

En nuestra comunidad sembraremos con amor el cariño y la hermandad, oh mi Cristo Redentor (2).

313.

//Marchemos con gozo, todos en unión, al acto sagrado de la comunión (2).

VAMOS A BUSCAR, VAMOS A PROBAR, HERMANOS EN CRISTO, VAMOS A TOMAR //EL

CUERPO Y LA SANGRE DE NUESTRO SEÑOR//.

Tomemos unidos el Cuerpo de Cristo colmado de gracia por nuestro Señor (2).
A coro anunciemos tu Reino, Señor, probamos tu Pan, tenemos tu Amor (2).

Tu pueblo te lleva, oh Rey de los cielos, porque tú sembraste tu fruto de amor (2).

314.

Tu pueblo canta y se alienta, saloma y te siento vivo, lleva tu fe redimido, para marchar por tu senda (2).

OH, OUJO, OH, OIGA, ALELUYA (2)
Mi alma bien llena está, llena de tu bendición, para llevar tu oración a toda la humanidad (2).

Vamos llenos de alegría, con esperanza y anhelo. Oh, mi Señor de los cielos, antorcha del nuevo día.

MISA DE SAN MIGUELITO
Por: Pepe Ríos

315.
Vamos, señores, vamos,
vamos a la misa.
Vamos, compadres, vamos,
vamos a la misa.
Vamos, comadres, vamos,
vamos a la misa.
Vamos, vamos todos,
vamos, todos a la misa.

Vámonos, Vámonos.

Vamos, vamos todos,
vamos todos al banquete.

Dios nos da su amor, su
bondad y su justicia.
Vamos jubilosos, vamos
todos a la misa.
Vamos jubilosos, vamos
todos al banquete.

316.
Señor, Señor, ten piedad
Ten piedad de nosotros.

Cristo, Cristo, ten piedad.
Señor, Señor, ten piedad.

317.
Gloria a Dios en el cielo y
su paz al que lo ama (2).

*POR TU INMENSA
GLORIA TE ALABAMOS
TODOS TE ADORAMOS*

*TODOS TE
GLORIFICAMOS*
Señor Rey celestial y Dios
Padre poderoso. (2)
Señor Hijo, Jesucristo,
Cordero de nuestro Dios:
(2).
Tú que quitas el pecado,
apiádate de nosotros (2)
Porque Tú solo eres Santo,
Altísimo Jesucristo (2).
En la gloria de Dios Padre,
con el Espíritu Santo (2).

318.
Aleluya, Aleluya (2)
Porque sea grande ese
amor hacia todos vuestros
hijos.
Pregonemos con canciones
Y alabemos vuestros hijos
Y por ese amor sublime de
Cristo nos redime.
Y hoy se hace un panameño
para hacemos más divinos.

319.
Recibe, recibe, Padre del
pueblo fiel este don, que
con el pan y el vino te va a
dar su corazón (2).
Ahora somos sólo un
cuerpo, somos parte de
Jesús; recíbenos, Padre
Eterno, Como parte de su
cruz (2).
Bendice el pan y el vino,
amantísimo Señor, y
háganse el Cuerpo y la

Sangre del Maestro Redentor (2).

320.

//Santo, Santo es el Señor y del universo es Dios//.
//El cielo y tierra llenos de tu Gloria, gran Señor//.
//Santo, santo es el Señor y del universo es Dios//.
//Bendito es el que viene en el nombre del Señor//.
Santo, Santo es el Señor y del universo es Dios.
Santo, Santo, Santo.

321.

Cordero de Dios, Tu que quitas el pecado del mundo, ten piedad de nosotros. (Bis)
Cordero de Dios, Tu que quitas el pecado del mundo, danos la paz.

322.

Bien mío, Jesús, yo creo en tu Cuerpo y Sangre juntos. Para mí eres bocado puro: sobre el altar yo te veo.

//Señor, ven a nuestras almas que por ti suspiran, ven//.

Ya Cristo bajó del cielo al altar de nuestro Dios; el sacrificio de amor hoy lo hemos confirmado.
Felices los que comulgamos, somos parte de Jesús, de la verdadera luz: ya lo hemos confirmado.
Por este bocado puro en tu reino prometido espero haber conseguido para la gloria infinita.

323.

Siempre en Ti estoy pensando donde quiera que yo voy y al hijo de nuestro Dios recibo en la Hostia pura.
No faltaré nunca, nunca, al banquete del Señor, y con su divino amor nada me puede faltar. Vamos todos al altar, ya está aquí el Redentor.
Vamos todos sin tardanzas, no perdamos la ocasión de ver hoy al Salvador que ha nacido en este pueblo. Y se encuentra aquí contento para grandeza de amor: es una estrella de amor que va conquistando gente. Vamos todos sonrientes: ya está aquí el Redentor.
Hoy lo vemos panameño para comprender mejor el mensaje de su amor sublime y sin menoscabo.

Nos lo dio y siempre lo ha dado su cariño y bendición. Es verdad que Él se entregó para salvar a la gente. Vamos todos sonrientes: ya está aquí el Redentor.

324.

Ahora sí que creo, Señor, he quedado convencido, ahora que lo he visto vivo en esta común unión.

Oh!, uh!, oh!, Aleluya (2)

En mi alma se libró una batalla violenta buscando a ver si la encuentra, pero al fin la luz brilló.

CANTOS TIPICOS
Por: Gladys De La Lastra

325.

Caminamos y compartimos en esperanza,
Con deseo de paz, unidad y reconciliación;
//Y en este encuentro maravilloso reconstruyamos,
Un Panamá cristiano, un mundo nuevo, pero mejor//.

CAMINAMOS Y COMPARTIMOS EN ESPERANZA, Y UNIDOS DE LAS MANOS

**COMENZAMOS A CANTAR, QUE TODOS SOMOS LA NUEVA PATRIA Y UN HOGAR COMO IGLESIA DE PANAMÁ.
////CAMINA, COMPARTE EN ESPERANZA YA////.**

Celebremos María la fiesta de la vida,
Con el pan y el vino que es el Cuerpo y la Sangre de Cristo.
//Esta Eucaristía es el banquete familiar,
La mesa sencilla, la fraternidad universal//.

Caminamos firmes hacia el cambio tal,
La esperanza iluminada de fe y caridad.
//Levantamos hoy la antorcha del Evangelio,
La Palabra de Dios para salvar a Panamá//.

Vale la pena continuar y luchar amando,
Abriendo caminos de justicia y libertad.
//y compartir sin esclavitud uniendo fronteras,
Que en amor de Dios la esperanza no se pierda//.

326.

Cristo es nuestra paz y es
motivo de mi alegría,
Que nazca en ti, en mí y en
todos para reinar.
Cristo es nuestra paz que
nos une en familia,
Si edificada en mi corazón
está.

Cristo Eucaristía fuente de
los sacramentos,
Símbolo de amor, servicio y
entrega a los demás.
/Eres Pan y vino Cristo vivo
que me has redimido,
Y tu Espíritu Santo en mí
puede morar/.

**AL HOMBRE VIEJO,
DÉJALO YA,
VESTÍOS DEL NUEVO EN
SINCERIDAD.
CRECED EN AMOR, A
TODOS AMAD,
DERRIBA EL MURO DE
LA ENEMISTAD.
EN SU PALABRA ESTÁ
SU VERDAD,
MIRA QUE ES HORA YA
DE CAMBIAR
//Y SÓLO EN CRISTO EL
CAMBIO ESTÁ
PORQUE CRISTO ES
NUESTRA PAZ//.**

Con su propia sangre sella
la nueva alianza

Y la vida eterna nos da
nuestro salvador.
Resucitó, en nosotros está,
hermano cambia
Con el evangelio de la paz
que él nos enseñó.
Hoy es el gran día de los
dos un solo pueblo
A judíos y a gentiles hizo
reconciliar,
/Redimió en su carne la ley
de los mandamientos
Creó en sí mismo, un
hombre nuevo haciendo la
paz/.

Por amor él vino a darnos
vida en abundancia,
Vida de fe de oración,
penitencia y santidad.
Él es la cabeza de mi
Iglesia que somos todos
Y con María, anuncien y
construyan la paz.
Clavemos por todos los
caminos del mundo entero
La bandera de la paz de
Cristo sin desmayar,
/Que reine en mi Patria
Panamá y en mi hogar
primero
Con el amor de Cristo,
porque Cristo es nuestra
paz/.

327.

Cristo Jesús, nuestra esperanza
con el pan y el vino te ofrezco a Panamá.
Te presento en la Eucaristía a mi tierra amada.
Y tu cuerpo y tu Sangre, nos una en mundo de paz.
Gracias, Jesús, tú evangelio me guía
A construir la nueva sociedad.
Que en todos los pueblos panameños
Este trigo renazca
Como pan de paz, amor, justicia y fraternidad.

AQUÍ ESTA CRISTO NUESTRA ESPERANZA QUE FUE DESTRUIDO Y RESUCITO GLORIOSAMENTE VENGO A PEDIRLE LA RECONSTRUCCIÓN DE MI PATRIA CON MI CONVERSIÓN Y RECONCILIACIÓN PERMANENTE. AQUÍ ESTA JESÚS EL AMOR DE LOA AMOR DE LOS AMORES, EL REY DE TODAS LAS NACIONES. AQUÍ ESTA JESÚS LA NUEVA ALIANZA DE LOS POBRES EN SU CUERPO Y SU SANGRE, SIN FRONTERAS NI DIVISIONES.

Cristo Jesús, primer pastor solidario, que por salvarnos fuiste inmolado.

Somos iglesia y junto a ti caminamos luchando por la libertad y los derechos humanos.
Cantemos todos unidos de las manos compartiendo juntos, con la fe, el futuro que avanza.
Cantemos todos en este año santo mariano.
¡Viva María y Cristo Jesús nuestra esperanza!

328.

Cristiano vuelve a tu iglesia católica,
Apostólica, romana, panameña.
No la abandones, por las sectas.
Tu religión defiende con amor y firmeza.

QUE NO VENGAN CON LA FIESTA DE LLEVARME A LAS SECTAS QUE NO VENGAN CON TRIQUIÑUELAS A SACARME DE MI IGLESIA

CRISTIANO VUELVE A TU IGLESIA CATÓLICA MUÉSTRALES LA BIBLIA, NO TE DEJES, NO TE DEJES.

Dicen las escrituras en Hechos: 2, 3
Que Cristo resucito y nace la iglesia en Pentecostés.
En la Virgen María y los Apóstoles,
El Espíritu Santo en Lenguas de Fuego descendió.

El Papa es el pastor de la iglesia Universal
En paz, amor y unión guía al pueblo de Dios.
En ti, iglesia mía, me bautice y confirme y a mis sacramentos no renunciare.

Soy Iglesia y te defiendo sin provocar división
Contra los que te insultan y quieren tu destrucción.
Victoriosos en Cristo nos cobijamos hoy
Como un solo rebaño bajo un solo pastor.

329.

Es mi saludo "Orad sin cesar"
Como dice el apóstol Pablo al predicar

En 1ra Tesalonicenses 5:17 y en Dios confiar
Lo primero es querer cambiar
Y edificar el amor, la fraternidad
Oremos juntos, Iglesia y comunidad
Por la construcción del mundo y Panamá.

**UNIDOS EN UN SOLO CORAZÓN TU CRUZ JESÚS SOBRE NUESTRO ISTMO ES NUESTRA LUZ.
TU PALABRA ES VIDA Y SALVACIÓN Y NUESTRO LEMA AMA A PANAMÁ CON TU ORACIÓN.
/ORACIÓN POR LA PATRIA HAGAMOS HOY AMA A PANAMÁ CON TU ORACIÓN/ (2).**

El mundo es como nosotros lo hacemos
Vivamos e paz, justicia y libertad.
Y con Jesús y María caminemos
Y cada día, orando, la vida renovar.
La oración todo lo alcanza
La fe en Dios trasforma y da vigor
Y es mi esperanza que los sucesos bélicos
Solo en arados se conviertan hoy

330.

La presencia de Don Bosco en nuestra vida es universal, Don Bosco no ha muerto vive y con nosotros aquí esta.
Su vida y obra, salva almas, conforme al Espíritu de Dios como dice Romanos 8,1:
"Y por fiel Dios lo premio".

DON BOSCO SI ARRASTRA GENTE, COMO DEVOTO DIGO AL CANTAR:
"PANAMÁ TU ERES DE DON BOSCO, DON BOSCO TU ERES DE PANAMÁ" (2).

Nace en Becci, Italia, Amor de Dios sembró feliz.
A chicos de la calle ampara, el oratorio funda en Turín
Domino Savio su alumno, el primer fruto de santidad
De su tema educativo, de Don Bosco y la juventud mundial.

Don Bosco tu muerte revive, cristiana devoción.
Tened fe y veréis milagros dice
El pueblo loando a Dios.
Don Bosco es mi camino ahora

Y guía para encontrar a Jesús
Y María Auxiliadora
En la Patria Celestial.

Mi templo Don Bosco querido
Es Basílica nacional
Del Artesano y familia salesiana
El padre Soldatilar
Muere el 31 de enero y Don Bosco sonriente dijo:
Muchachos a todos los espero
Allá en el paraíso.

331.

Señor dame tu pan, tú eres mi alimento y mi comida.
Señor dame tu vino, invítame a cenar siempre contigo.
Señor acércame más a tu última cena y pascua de aquel día,
Cuando dijiste "tomad y comed mi Cuerpo, tomad y bebed la Sangre mía".
El pan que yo os daré es mi carne
y la daré para la vida del mundo,
el que me coma vivirá para siempre,
haced esto en memoria mía.

*//Y que mi Panamá querida
no se quede nunca
sin Cristo Eucaristía//.*

**AQUÍ ESTA CRISTO
PRESENTE,
AQUÍ EN ESTA HOSTIA
SANTA,
AQUÍ COMO DIOS Y
HOMBRE VERDADERO,
AQUÍ, AMANDO AL
MUNDO ENTERO,
AQUÍ ESTA CRISTO
SACERDOTE,
AQUÍ, CON SUS
HERMANOS POBRES,
AQUÍ, EN PAN Y VINO
PERMANENTE,
AQUÍ, EN EL SAGRARIO
ETERNAMENTE.**

*//Y que mi Panamá querida
no se quede nunca
sin Cristo Eucaristía//.*

Este sacramento resume
también a Cristo hecho
sacerdote,
se da por la salvación del
hombre
en este "pan y vino"
que el cristiano come.
Cristo ha construido su
Iglesia
con la institución de la
Eucaristía,
prepara al "nuevo mundo"
y lo renueva
con su Espíritu, Evangelio y
María.

Como la mies crece
en los campos solos,
así crezcan las vocaciones
sacerdotales,
la mies es mucha y los
obreros pocos,
mande más obreros, rogad
al dueño.

**TAMBORERAS Y
CANTOS A LA VIRGEN
MARIA**
Por: Varios Compositores

332.

De madrugada iba María
con tristeza en el corazón a
embalsamar el cuerpo de
su Señor.

Pero al llegar al sepulcro
Un ángel le comentó:
La tumba está vacía
El Señor resucitó
Resucitó, resucitó:
El Señor resucitó
En tres días resucitó:
El Señor resucitó
Su templo ha reconstruido:
El Señor resucitó
Así cumplió lo prometido:
El Señor resucitó
Resucitó, resucitó:

El Señor resucitó.

Pasado los ocho días
Estaban todos reunidos
Con las puertas cerradas
por miedo a los judíos
"La paz este con ustedes",
Jesús les saludó...
Llenos todos de alegría...
Resucitó, resucitó...
En tres días resucitó...
La muerte está vencida...
La tumba está vacía...
Resucitó, resucitó.

333.

Desde Sevilla en España
llegaste a Panamá
¡Oh Santa María la Antigua!
a ti te quiero cantar.
Trayendo un mensaje
nuevo en tu expresión de
bondad
Llegaste reina del cielo a
Darién en Panamá.
//*Ayombe, ayombe, ju,
eje, ju eje, uoiga*//.
Desde el momento en que
tú llegaste
Fuiste, oh madre protectora
sin igual
Y como lluvia de buena
venturanza
Has derramado tu
grandeza en Panamá.

Hoy mi corazón rebosa de
tu amor, de santidad

De esperanza, de
consuelo, de alegría sin
igual.

Ayombe, ayombe, ju...

Santa Maria yo siempre he
anhelado
En cada nota que yo doy
en mi cantar
Que siempre unidos como
iglesia en Cristo
Luchemos todos por la
patria celestial.

*Hoy mi corazón rebosa
de tu amor, de santidad
De esperanza, de
consuelo, de alegría sin
igual.*

Ayombe, ayombe, ju...

//*¡Viva, viva, viva, Santa
María, viva la patrona de
Panamá!
Hoy te recibimos con
gran cariño Virgen
peregrina de Panamá*//.

334.

Dios nos regaló una Reina,
sencilla y tierna como una
flor, es la joya más valiosa
que hay en el Reino del
Redentor.
Ella es la más bella rosa
que ha florecido en la
humanidad, sus mensajes

son semillas llenas de vida
y sinceridad.

*Es nuestra Madre del cielo
que da consuelo a cada
nación, y lleva en su santo
pecho tres rosas dentro del
corazón.
Una es roja signo de
sacrificio, testimonio,
trabajo y redención, la
dorada es identidad con
Cristo y la blanca es pureza
y oración.*

**MARIA, MARIA ROSA
MISTICA (AMPARO DEL
PECADOR), MARIA
MARIA ROSA MISTICA
(AMPARO DEL
PECADOR)
TU ERES VIRGEN
PEREGRINA,
MENSAJERA DEL AMOR,
TU ERES VIRGEN
PEREGRINA
MENSAJERA DEL AMOR.**

Ella forma con la iglesia
una sola pieza que es la
unidad, y protege con
cariño a todos los niños de
Panamá.
María nos dejó el rosario
para rezarlo con devoción y
con su savia divina nos
encamina a la conversión.

*Es nuestra Madre del cielo
que da consuelo a cada*

*nación, y lleva en su santo
pecho tres rosas dentro del
corazón.
Una es roja signo de
sacrificio, testimonio,
trabajo y redención, la
dorada es identidad con
Cristo y la blanca es pureza
y oración.*

***Ay María, María, María
Rosa mística...
(amparo del pecador)
Hoy te vengo yo a cantar
(mensajera del amor)
Porque tú eres en la vida
(amparo del pecador)
Tu eres nuestra
consentida (mensajera
del amor)
Tu sanaste mis heridas
(amparo del pecador)
Tu eres tú eres tú eres
aquí en mi vida
(mensajera del amor)
Te quiero cantar, yo te
quiero amar (amparo del
pecador).***

335.

En el año santo Mariano
con fe los panameños
cantamos
Este lema regocijados: "A
Jesús por María",
encontrarnos.
María nos guía a la
Eucaristía, hacia Jesús Pan
de Vida,

Y desbordados de alegría
cantamos: ¡Viva María!

**MARÍA POR MARÍA, POR
MARÍA,
VAMOS PEREGRINANDO
A JESÚS POR MARÍA.
COMO LOS SARMIENTOS
A LA VID VERDADERA,
COMO TRIGOS LIMPIOS
A ESA HOSTIA BELLA.
POR MARÍA, POR MARÍA,
VAMOS PEREGRINANDO
A JESÚS POR MARÍA...**

María nos lleva a Jesús,
camino, Verdad y Vida,
Por el Evangelio y la Cruz,
los sacramentos y la
Eucaristía.
El misterio pascual vivimos
en la Encarnación y la
redención,
María nos da, a su fruto su
hijo, Jesús como nuestro
Salvador.

Hoy compartimos con amor
y en gracia el vino y el pan
de la libertad
Que por obra del Espíritu
Santo,
Es fruto nacido de María de
la Esperanza.
Esa carne y esa sangre
preciosa inmoladas en la
hostia están,
Jesús quiso quedarse con
nosotros como sacerdote,
víctima y altar.

María, reina de la Iglesia
universal
Estas en las flores de mi
niñez.
En los campos de justicia y
de paz
Guarda en tu corazón a
Panamá.
María vive en el alma
nacional
Es pueblo, barrio, hogar,
comunidad
Del Carmen, Fátima,
Asunción, La Merced y la
Inmaculada de Penonomé.

Virgen María inspiración y
emblema
De América y del mundo
entero
Patrona, amiga, misionera,
compañera.
Eres la madre que yo más
quiero.
Tu devoción, María es
popular
Estas en mi medalla y
escapulario y en las manos
que rezan el rosario.
Tu honor defiendo como
cristiano.

336.

Eres madre muy sencilla,
criatura del Señor, Virgen
pobre, Madre mía, llena de
gracia y amor. Fuiste arcilla

entre sus manos y el Señor te modeló.
Aceptaste ser su esclava siempre dócil a su voz.

YO QUIERO SER ARCILLA ENTRE SUS MANOS. YO QUIERO SER VASIJA DE SU AMOR. QUIERO DEJAR LO MÍO PARA ÉL, PARA ÉL. YO QUIERO SER ARCILLA ENTRE SUS MANOS. YO QUIERO SER VASIJA DE SU AMOR.

No entendías sus palabras, pero respondes con fe, dejas que su amor te guíe, confiando siempre en él. Por su Espíritu de vida te dejaste transformar, te abandonas en sus manos para hacer su voluntad.

337.
//Gózate, alégrate, en el Señor//.

Proclama mi alma la grandeza del Señor. Se alegra mi espíritu en Dios, mi Salvador porque ha mirado la humildad de su sierva.

Desde ahora me felicitarán todas las generaciones, porque el Poderoso ha obrado en mí Santo es su nombre.

Él hace proezas con su brazo, dispersa a los soberbios de corazón, derriba del trono a los poderosos. Enaltece a los humildes, a los hambrientos colma de bienes y a los ricos los despide vacíos.

Auxilia a Israel su siervo, acordándose de su misericordia, como lo había prometido a nuestros padres a favor de Abraham y su descendencia por siempre, por siempre.

338.
Hoy te quiero cantar,
hoy te quiero rezar,
Madre mía del Cielo.
Si en mi alma hay dolor,
busco apoyo en tu amor
y hallo en ti mi consuelo.

HOY TE QUIERO CANTAR, HOY TE QUIERO REZAR, MI PLEGARIA CANCIÓN. YO TE QUIERO OFRECER LO MÁS BELLO Y MEJOR QUE HAY EN MI CORAZÓN.

Porque tienes a Dios,

porque tienes a Dios,
Madre, todo lo puedes.
Soy tu hijo también,
soy tu hijo también,
y por eso me quieres.
Dios te quiso elegir,
Dios te quiso elegir,
como puente y camino
que une al hombre con
Dios,
que une al hombre con
Dios
en abrazo divino.

339.

Me quedé sin voz con que
cantar,
y mi alma vacía dormía en
sequedad.
Y pensé para mí: me
pondré en sus manos,
manos de madre, me
dejaré en su amor.

Y TÚ MARÍA, HAZME
MÚSICA DE DIOS, Y TÚ
MARÍA, AFINA TU LAS
CUERDAS DE MI ALMA,
ALELUYA, AMEN.
Y TÚ MARÍA, HAZME
MÚSICA DE DIOS, Y TÚ
MARÍA, AFINA TU LAS
CUERDAS DE MI ALMA,
ALELUYA, AMEN.

María acompaña tu mi
caminar,
yo solo no puedo, ayúdame
a andar.

Y pensé para mí: me
pondré en sus manos,
manos de madre, me
dejaré en su amor.

340.

MI ALMA GLORIFICA AL
SEÑOR, MI DIOS,
GOZASE MI ESPÍRITU EN
MI SALVADOR.
ÉL ES MI ALEGRÍA, ES MI
PLENITUD, ÉL ES TODO
PARA MÍ.

Ha mirado la bajeza de su
sierva, muy dichosa me
dirán todos los pueblos,
Porque en mí ha hecho
grandes maravillas él que
todo puede, cuyo nombre
es: Santo.

Su clemencia se derrama
por los siglos sobre
aquellos que le temen y lo
aman; desplegó el gran
poder de su derecha
dispersó a los que piensan
que son algo.

Derribó a los potentados
sus tronos, y ensalzó a los
humildes y a los pobres.
Los hambrientos se
saciaron de sus bienes y
alejó de sí vacíos a los
ricos.

Acogió a Israel, su humilde siervo, acordándose de su misericordia, como había prometido a nuestros padres, a Abraham y descendencia para siempre.

341.
Presentamos hoy Señor,
con el vino y con el pan,
Nuestros frutos el trabajo,
la alegría y el cantar.
Presentamos tamborito,
presentamos acordeón
//lo mejor de este terruño
Presentamos con amor//.

Recibe hoy, recibe hoy,
de esta tierra lo mejor
Recibe hoy, recibe hoy,
nuestra ofrenda con
amor.
Junto a María la Antigua
Patrona de esta nación
presentamo´ el
sentimiento,
Lo mejor de esta nación.
//Recibe hoy, recibe hoy, lo mejor de esta nación//.

Presentamos en el pan al humilde
Campesino, que con su duro trabajo
Se ofrece él a sí mismo.
Presentamos en el vino a los mártires caídos,

//Los que trabajaron duro
por ver libre a este istmo//.

En este encuentro contigo
presentamos las culturas,
de los negros y los indios
de los blancos y mestizos,
Tradiciones y costumbres
presentamos hoy Señor.
//La bandera de mi patria
abrazando esta nación//.

342.
SANTA MARÍA DE LA ESPERANZA MANTÉN EL RITMO DE NUESTRA ESPERA, MANTÉN EL RITMO DE NUESTRA ESPERA.

Nos diste al esperado
de los tiempos,
mil veces prometido en los profetas.
y nosotros de nuevo deseamos
que vuelva a repetirnos
sus promesas.
Brillaste como aurora del gran día,
plantaba Dios su tienda en nuestro suelo.
y nosotros soñamos con su vuelta,
queremos la llegada de su Reino.

Viviste con la cruz de la esperanza,

pensando en el amor
la larga espera.
y nosotros buscamos
con los hombres
el nuevo amanecer
de nuestra tierra.

Esperaste, cuando todos
vacilaban,
el triunfo de Jesús sobre la
muerte.
y nosotros esperamos que
su vida
anime nuestro mundo
para siempre.

343.

Santa María la Antigua de
España, Señora de la
antigua Sevilla, Santa
María la Antigua del istmo
de Panamá, patrona y bella
reliquia, histórica, colonial.

¡Santa María la Antigua
danos tu bendición
patrona de Panamá
bendita guárdanos en tu
corazón!

Tu imagen lleva un manto,
guarnecido de oro, y en tu
mano derecha una rosa, en
tu brazo izquierdo llevas a
Jesús niño y ampara a un
pajarito.

Fuiste la primera iglesia
que tuvo Perú en tiempos

de la conquista donde se
celebró la primera misa
dedicada con devoción, a
tu nombre María de la
antigua hoy.

Santa María la Antigua del
Darién primer centro
urbano español en el
continente o tierra firme
desde la fundación de
Panamá en su fe.

Santa María Estrella de la
evangelización ilumina
nuestro camino para
alcanzar la vida eterna
llámanos para rezar el
rosario en familia y junto a
Cristo vivir la Eucaristía.

344.

Somos peregrinos
que venimos hoy aquí
desde continentes y
ciudades
queremos ser misioneros
del Señor llevar su palabra
y su mensaje.
Ser como María la que un
día dijo sí ante la llamada
de tu proyecto
el cielo se goza y canta de
alegría toda la tierra alaba
tus portentos.

//HE AQUÍ LA SIERVA DEL SEÑOR HÁGASE EN MÍ SEGÚN TU PALABRA//.

Tu Sierva yo soy
Tu Hija yo soy
Tu hijo yo soy
Ser como María
disponibles a salir
Iglesia Peregrina con amor
jóvenes testigos y
discípulos
con alegría, fe y vocación.
No tengan miedo, no
no tengan miedo
de llevar el amor de Dios
comprometidos sí, como
María
que supo ser la Sierva del
Señor.

345.

Tantas cosas que en la vida nos ofrecen plenitud y no son más que mentiras que desgastan la inquietud. Tú has llenado mi existencia al quererme de verdad. Yo quisiera Madre buena, amarte más.

En silencio escuchabas la palabra de Jesús, y la hacías pan de vida meditando en tu interior. La semilla que ha caído ya germina y está en flor. Con el corazón

de fiesta cantaré:

//Ave María, Ave María//.

Desde que era yo muy niño, has estado junto a mí, y tomado de tu mano aprendí a decir sí. Al calor de la esperanza nunca se enfrió mi fe. Y en las noches más oscuras fuiste luz.

No me dejes Madre mía, ven conmigo a caminar, quiero compartir mi vida y crear fraternidad. Muchas cosas en nosotros son el fruto de amor, la plegaria más sencilla cantare.

346.

Tú le diste a nuestra tierra una misión singular
Unir todo un continente, y luego a la humanidad
Se convirtió en lugar de intercambio cultural,
De puertas siempre abiertas, a quien quisiera llegar;

Y desde hace cinco siglos, que tu evangelio llego
A este pequeño istmo y la iglesia inicio,
Aquí la misión que Cristo, a ella le quiso dar,

Ser luz en medio del mundo, y de la tierra la sal.

DE LA MANO DE MARÍA, PATRONA DE PANAMÁ, LA SEÑORA DE LA ANTIGUA, PROCLAMAMOS TU BONDAD TE DAMOS LAS GRACIAS PADRE, QUINIENTOS AÑOS YA SON, //COMPARTIENDO LA ESPERANZA, QUE INSPIRA TU AMOR SEÑOR//.

La iglesia ha contribuido a construir este país,
Ha sido un fiel testigo, de como logro surgir
Cuando este pueblo logro, ser una nueva nación
Cuando la soberanía, totalmente alcanzo;

Los gozos y las tristezas, que vive mi Panamá
Los vive también la iglesia, tu luz da al caminar
Y seguirá predicando, al pueblo la salvación
Al discípulo que anuncia, el triunfo de nuestro Dios.

De la mano de María...
Proclamamos tu
bondad...

Hoy te damos gracias padre... proclamamos tu bondad...
En el gozo y la tristeza... Proclamamos tu bondad...
Compartiendo la esperanza...
proclamamos tu bondad
Cumpliendo 500 años... proclamamos tu bondad con Panamá, tierra de gracia... proclamamos tu bondad.

347.

Una entre todas fue la escogida
Fuiste tú María la elegida,
Madre del Señor, madre del salvador.

///MARÍA LLENA DE GRACIA Y CONSUELO VEN A CAMINAR CON EL PUEBLO MADRE NUESTRA ERES TU//.

Ruega por nosotros pecadores de esta tierra.
Ruega por tu pueblo que en su Dios espera
Madre del Señor, madre del salvador.
/María llena de gracia y consuelo
Ven a caminar con el pueblo, Madre nuestra eres tú/.

348.

Una noche de sudor, en una barca en pleno mar, mientras que el día amanece ya, aun sus redes vacías están, pero la voz que te llama otro mar te enseñara y a la orilla de sus corazones sus redes lanzaran.

//OFRECE TODA TU VIDA COMO MARÍA AL PIE DE LA CRUZ Y SERÁS SIERVO DE TODO HOMBRE SIERVO POR AMOR SACERDOTE DE LA HUMANIDAD//.

Avanzaba en el silencio y entre lágrimas esperaba que la semilla antes esparcida cayera sobre tierra fértil. De fiesta está tu corazón porque el trigo que ondea ya ha madurado bajo el sol y se quiere almacenar.

NOTA: *Algunos cantos de navidad se encuentran a lo largo del contenido de manera alfabetica.*

349.

Tengo puesto un nacimiento
En un rincón de mi casa
Con pastores y pastoras
Y un palacio en la montaña
Allí vive el rey Herodes
Allí viven sus soldados
Todos están esperando
Que lleguen Los Reyes Magos.

ARRE BORRIQUITO ARRE BURRO ARRE ANDA MÁS DE PRISA QUE LLEGAMOS TARDE ARRE BORRIQUITO VAMOS A BELÉN QUE MAÑANA ES FIESTA Y AL OTRO TAMBIÉN.

En el cielo hay una estrella Que a Los Reyes Magos guía
Hacia Belén para ver
A dios hijo de María
Cuando pasan los monarcas Sale la gente al camino y alegres se van

con ellos Para ver al tierno niño.
Hacia el portal de Belén se dirige un pastorcito Cantando de esta manera para alegrar el camino.
Ha nacido el niño dios En un portal miserable Para enseñar a los hombres La humildad de su linaje.

350.

Oh Blanca Navidad, sueño y con la nieve alrededor, blanca es mi quimera y es mensajera de paz y de puro amor.

OH BLANCA NAVIDAD,
NIEVE
UN BLANCO SUEÑO Y
UN CANTAR
RECORDAR TU
INFANCIA PODRÁS
AL LLEGAR LA BLANCA
NAVIDAD.

Oh Blanca Navidad, sueño y con la nieve alrededor, blanca es mi primera y es mensajera de paz y de puro amor.

Oh Blanca Navidad, nieve un blanco sueño y un cantar, recordar tu infancia

podrás al llegar la blanca navidad.

351.

//Ayayay ay ombe hay mi niño hay ombe//
Comulgamos recordando el milagro de Belén, pobrecito en un portal con María y José, una estrella anuncia al mundo que ha nacido nuestro rey.
//La humildad es su vestido, y el amor es su poder//.

//EUJOO, EUJOO, JESÚS
EN EL PAN Y EL VINO,
EUJOO, EUJOO,
MISTERIO DE AMOR
DIVINO//.

Compartimos nuestro pan en la mesa del Señor, viviendo en la navidad el misterio de su amor, cantemos con alegría un tamborito a nuestro rey.
//En la hostia, el Mesías, quiere al hombre hacer el bien//.

Cantemos con alegría que ha llegado el Salvador, se cumple la profecía que Isaías anuncio, unidos al coro, angélico, cantando dice así:

//Gloria a Dios en las alturas, paz a los hombres de bien//.

352.

//Desde el Rancho campesino le cantamo, al niño Dios, muchos canticos de amor porque ha nacido Divino //.

////DESDE EL RANCHO CAMPESINO, LE CANTAMO AL NIÑO DIOS////.

//Suenen duro los tambores, vamos todos a cantar, porque nuestro niño ya ha nacido de colores//.

////SUENEN DURO LOS TAMBORES, QUE HA NACIDO EL NIÑO DIOS////.

//Oh divino Salvador, que has llegado a nuestro pueblo, te alabamos muy contentos con mucha gracia y amor//.

////DESDE EL RANCHO CAMPESINO, LE CANTAMO AL NIÑO DIOS, SUENEN DURO LOS TAMBORES, QUE HA NACIDO EL NIÑO DIOS////.

353.

//Dime niño de quién eres todo vestidito de blanco//
//"Soy de la virgen María y del Espíritu Santo"//.

//RESUENEN CON ALEGRÍA LOS CÁNTICOS DE MI TIERRA
Y VIVA EL NIÑO DE DIOS QUE NACIÓ EN LA NOCHEBUENA//.

La nochebuena se viene, tururú, la nochebuena se va.
Y nosotros nos iremos, tururú, y no volveremos más.

//Dime niño de quién eres y si te llamas Jesús//.
//"Soy amor en el pesebre y sufrimiento en la cruz"//.

354.

//Aleluya, Aleluya, ha nacido el Salvador//.

Escuchad, hermanos, una gran noticia.

//«Hoy, en Belén de Judá, os ha nacido el Salvador»//.

Escuchad, hermanos, una gran noticia:

//«Gloria en los cielos a Dios
y en la tierra al hombre paz»//.

Escuchad, hermanos, una gran noticia

//«Dios a su hijo envió,
es Jesucristo Salvador»//.

355.

//Gaspar, Melchor y
Baltazar
fueron los tres reyes
magos//
que vinieron del Oriente
a venerar al Niño Rey,
//que vinieron del Oriente
a venerar al Niño Rey//.

**LOS REYES DE ORIENTE
VAN CAMINO HACIA
BELÉN GUIADOS POR LA
ESTRELLA DE DAVID,
//OFRECIENDO ORO,
INCIENSO Y MIRRA AL
NIÑO REY//.**

Dónde está ese Rey de los
judíos
Porque hemos visto
Su estrella.
Venimos a darle homenaje
al Cristo Rey y Señor.
Venimos a darle homenaje
al Cristo Rey y Señor.

//La estrella les guió por el
camino
Parándose encima del
pesebre//.
Se llenaron de alegría
al encontrar al Niño Rey.
Se llenaron de alegría
al encontrar al Niño Rey.

//Al entrar en la casa de
María vieron al Niño
Jesús//.
Se postraron para adorarlo
ofreciéndole regalos.
Se postraron para adorarlo
ofreciéndole regalo.

356.

Como los Reyes de Galilea
siguieron la estrella del
pastor te seguiré adonde
iras iré tan fiel como tu
sombra hasta la eternidad.

Como los reyes de galilea
siguieron la estrella del
pastor como Colon con sus
tres carabelas siguió la luz
del sol con fe y obstinación.

**Y EN EL CIELO QUE
HABRÁ MI VENTANA
HAY UN MAR QUE
BRILLA COMO EL SOL
Y EN EL CIELO QUE
NADA NOS DETENGA EN
UN MUNDO POR AMOR.**
Como los reyes de galilea
siguieron la estrella del

pastor
mi continente mi luz en
occidente mi sueño
sorprendente bien sabes
que eres tú.

*Como los reyes de galilea
siguieron la estrella del
pastor
te seguiré adonde iras iré
tan fiel como tu sombra
hasta la eternidad.*

Y en el cielo que brille el
firmamento y en la luna nos
muestre el camino
y en el cielo hagamos el
viaje tu destino será el mío.

*Como los reyes de galilea
siguieron la estrella del
pastor
te seguiré adonde iras iré
tan fiel como tu sombra
hasta la eternidad.*

357.
Hermosa es la flor, que
nació en Judá, un niño
pequeño vestido de
majestad, se mueren de
envidia las flores de añil.
*//No hay rosa ninguna que
se pueda comparar//.*

**//OIGA EL ANGELITO ME
MATAN ESOS OJITOS,
OIGA EL CHIQUITITO**

**PEDACITO TAN
BONITO//.**

Tus cabellos son como, oro
de Ofir tu aliento es
perfume, tus ojos un sol, de
abril.
Están orgullosos la mula y
el buey.
*//Por sus visitantes, Jesús,
María y José//.*

De oriente los Reyes
buscándole van, siguen
una estrella, al Rey quieren
adorar, ángeles cantando
anunciando van.
*//La virgen hermosa su hijo
nos quiere dar//.*

358.
Antes del tiempo,
mucho antes que la tierra
comenzase a existir,
el Verbo estaba junto a
Dios
Vino a este mundo
para no abandonarnos
en el viaje nos dejó
su Cuerpo hecho Pan de
Vida.

*VERBUM CARO FACTUM
EST
VERBUM PANIS FACTUM
EST.*

TÚ SIGUES REPARTIÉNDONOS TU PAN
Y QUIEN COMA DE ESTE PAN
NO TENDRÁ MÁS HAMBRE.
TÚ SIGUES HABITÁNDONOS,
SEÑOR, EN TU IGLESIA
VIVES HOY,
ESTA ES NUESTRA CASA.

VERBUM CARO FACTUM EST...

Antes del tiempo,
cuando el universo fue
creado de la oscuridad,
el Verbo estaba junto a
Dios.
Vino a este mundo,
en su gran misericordia
la Palabra se encarnó:
su Hijo hecho Pan de
Vida.

Verbum caro factum
est... Tú sigues
repartiéndonos tu Pan...
Verbum caro factum
est...

359.

José: En nombre del cielo.
os pido posada, pues no
puede
andar ya mi esposa amada.

Caseros: Aquí no es
mesón sigan adelante.
Pues no puedo abrir, no
sea algún maleante.

José: No seas inhumano,
tennos caridad, que el Dios
de los cielos te lo premiará.

Caseros: Ya se pueden ir y
no molestar, porque si me
enfado os voy a apalear.

José: Venimos rendidos
desde Nazareth. Yo soy
carpintero, de nombre
José.
Caseros: No me importa el
nombre, déjenme dormir,
pues que yo les digo que
no hemos de abrir.

José: Posada te pido,
amado casero, por solo una
noche la Reina del cielo.

Caseros: Pues si es una
reina quien la solicita,
¿cómo es que de noche
anda tan solita?

José: Mi esposa es María,
es la Reina del cielo
y madre va ser del Divino
Verbo.

Caseros: ¿Eres tú José, tu
esposa es María? Entre,
peregrinos, no los conocía

Jose: Dios pague, señores, vuestra caridad,
y que os colme el cielo de felicidad.
//ENTREN SANTOS PEREGRINOS, PEREGRINOS
RECIBAN ESTE RINCÓN, AUNQUE POBRE LA MORADA, LA MORADA SE LAS DOY DE CORAZÓN//.

360.

Otro año que queda atrás, mil momentos que recordar
otro año mil sueños más, hechos realidad
los problemas vienen y van, al final todo sigue igual
no hay montañas que puedan más que la voluntad.
Alzo mi copa aquí, para brindar por ti, y desearte lo mejor.
Navidad feliz navidad, vuelve a casa vuelve al hogar
navidad dulce navidad, en calor de hogar.

//VEN A CANTAR VEN A CANTAR
QUE YA LLEGO LA NAVIDAD
VEN A CANTAR VEN A CANTAR
QUE YA ESTÁ AQUÍ LA NAVIDAD//.

gira el mundo gira el reloj
gira el viento, la mar y el sol dale vuelta a tu corazón
llénalo de amor.
Navidad feliz navidad, vuelve a casa vuelve al hogar navidad dulce navidad, en calor de hogar.

361.

//Y QUE ALEGRÍA, Y QUE ALEGRÍA Y NACIÓ JESÚS, VERBO ENCARNADO, HIJO DE JOSÉ, Y DE MARÍA Y EN JUAN 1:14 LO HE HALLADO.
Y QUE ALEGRÍA, Y QUE ALEGRÍA//

Aquel que es, la palabra, se hizo hombre y vivió entre nosotros.
//Lleno de amor, y de paz, lo dice Juan 1:14 //

Verbo divino, Hijo de Dios, que de María la virgen, se encarnó.
La misma madre lo expreso: //"Este es mi Niño Dios, que nace hoy"//.

Mi gozo interior, no lo cambio yo, porque él le vine del espíritu de Jesús. //Esta navidad y este año nuevo, nos alumbremos con su palabra de luz//

362.

El portal de belén luce como el sol, Y en la nieve fría ha nacido el redentor Cruza el mar una luz, nace nuestro Dios, Llegan los pastores a entregarle el corazón.

YO TAMBIÉN LE DOY MI CARIÑO DE VERDAD HA NACIDO EL NIÑO QUE AL MUNDO SALVARÁ YA LOS REYES VAN, POR LOS BOSQUES, A BUSCAR, UN CAMINO BLANCO QUE CONDUCE A LA VERDAD.

Todo es fe y es amor en la navidad,
Ya van floreciendo los caminos de la paz; El rosal floreció, todo es un altar, Suenan en el cielo cascabeles de cristal.
Todo es fe y es amor en la navidad,
Ya van floreciendo los caminos de la paz; Yo también cantaré lleno de emoción, Suenan las

campanas y repiten mi oración.

NOTA: *Algunos cantos de navidad se encuentran en el índice alfabético.*

CANTOS DE ANIMACION
363.

Jesús está pasando por aquí (2)
Y cuando el pasa todo se transforma,
Se va la tristeza, viene la alegría,
Y cuando el pasa todo se transforma,
Llega la alegría para ti y para mí.

Ahora mismo, Señor ahora mismo
Yo te pido que rompas las

cadenas (2).

Y que las puertas del cielo
sean abiertas
Y de virtud mi alma sea
llena (2).

Gozo, gozo, gozo, gozo
yo quería,
Pero lo buscaba donde
no lo había (2).
Pero vino Cristo el dador
de la vida
Y me dio del gozo, del
que yo quería (2).

Si lo que quieres es llenarte
de gozo
Alaba a Dios con las
manos, con los pies (2).

Alaba a Dios con tu cuerpo,
con tus manos
Con tus labios, con tu alma,
con todo tu corazón (2).

Se mueve la mano de
Dios, y en su Palabra Él
vive (2)
Se mueve, se mueve, se
mueve con poder (2)
//Con poder (3) se mueve la
mano de Dios//.

Quien vive…Cristo
A su nombre… Gloria
Quien vive…Cristo
A su nombre… Gloria
Donde hay dos o tres
reunidos en su nombre (2)

Derramará su Espíritu para
que allí de desborde (2)
Por eso mi hermano con
mucho poder
Al Señor Jesús en este día
alábale (2).

Dándole a las palmas
Ahora con los pies
Con una sonrisa…ja,ja,ja
Saluda a tu
hermano…cómo estás (2).
Por eso mi hermano con
mucho poder
Al Señor Jesús en este día
alábale (2).

Nosotros no Señor, a ti es
que te toca
Yo cantaré lo que pongas
en mi boca (2).

Lo que pongas, lo que
pongas, lo que pongas en
mi boca
Yo cantaré lo que pongas
en mi boca,
Con panderos, con
guitarras, con clarines y mil
cosas,
Yo cantaré lo que pongas
en mi boca.

En el cielo se oye… y en la
tierra se canta (2).

Vamos todos a alabar al
Señor con panderos y
guitarras (2).

Pa` arriba, pa`arriba,
pa`arriba y no pa` abajo
Subiendo, subiendo,
subiendo y no bajando (2).

Como corre el río por
todo mi ser (2).
Es que yo confío en
Cristo mi Rey (2).

Como río de agua viva, que
salta pa`arriba
Que llevo dentro, confirma,
confirma en este
Momento del Espíritu santo
el derramamiento (2).

Va bajando ya, va
bajando ya, va bajando
El Espíritu de Dios, si su
pueblo empieza a orar
Y deja al Señor obrar, va
bajando el Espíritu de
Dios.

Prepárate para que sientas,
prepárate para que sientas
Prepárate para que sientas
el espíritu de Dios,
Déjalo que se mueva,
déjalo que se mueva,
déjalo
Que se mueva dentro de tu
corazón.

Va bajando ya, va bajando
ya, va bajando
El Espíritu de Dios, si su
pueblo empieza a orar
Y deja al Señor obrar, va

bajando el Espíritu de Dios.
El amor del Señor es
maravilloso (3)
Grande es el amor de Dios.

Tan alto que no puedo
estar arriba de él,
tan bajo que no puedo
estar abajo de él
tan ancho que no puedo
estar afuera de él, grande
es el amor de Dios.

Mis manos están llenas
de su bendición (2).
Al hermano que toque
bendito será (2).
Mis manos están llenas de
su bendición.

Mis pies…
Mis ojos…
Etc.

Viva la fe, viva la
esperanza, viva el amor
(3)

Que viva Cristo, que viva
Cristo que viva el rey.
Que viva Cristo, que viva,
que viva Cristo,
Que viva que viva Cristo,
que viva el Rey (2).

No hay Dios tan grande
como tú, no lo hay, no lo
hay (2).

No hay Dios que haga

maravillas como las que haces tú (2).

No con la fuerza ni la violencia es como el mundo cambiará (2).

Sólo el amor lo cambiara solo El espíritu de paz (2).

Este gozo no va a parar no va a parar (3) Porque está dentro de mi corazón.

El fuego cae, cae, los males salen, salen y el creyente alaba al Señor. (2)

Esta alegría no va a parar...

364.

Nosotros no Señor a ti es que te toca yo cantare lo que pongas en mi boca (2).

Lo que pongas (2) lo que pongas en mi boca.
Yo cantare lo que pongas en mi boca.
Con panderos, con guitarras, con clarines y mil cosas. Yo cantare lo que pongas en mi boca.

En el cielo se oye, en la tierra se canta (2).

Vamos todos a alabar al señor con panderos y guitarras (2).

Cristo me dijo que venía otra vez, que venía otra vez, que venía otra vez (2).

Que no me desesperara si no que tuviera fe (2) y yo (3) y yo lo estoy esperando Pa` arriba, pa`arriba, pa`arriba y no pa` abajo Subiendo, subiendo, subiendo y no bajando (2).

Mis manos están llenas de su bendición (2).
Al hermano que toque bendito será (2).
Mis manos están llenas de su bendición.

Mis pies... al hermano que pise....
Mi boca... al hermano que bese...
Mis ojos... al hermano que mire...
Etc.

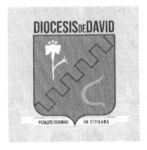

365.

*Si tú quieres sentir el
gozo, del Espíritu Santo
(2).*
Amémonos hermanos,
amémonos de corazón (2)
y Romanos 1,16 (4)
El evangelio no es religión,
el evangelio es poder de
Dios (2)
Contra viento y marea, le
alabare (4)
Y el gozo del mundo, no
vale 'na (3)
Cuando Cristo venga, nos
llevará.

*Como corre el río por
todo mi ser (2)
Es que yo confío en
Cristo mi Rey (2).*

Como río de agua viva, que
salta pa`arriba
Que llevo dentro, confirma,
confirma en es el
Momento del Espíritu santo
el derramamiento. (2)
*Hosana ehh, hosanna
ahh,
Hosanna ehh, hosanna
ehh, hosanna ah (2).*

Es la alegría, la razón de mi
existir, es la vida de mis
días, es consuelo en mi
sufrir (2).

*Allá en el cielo, allá en el
cielo, allá en el cielo, no
habrá más llanto ni más
tristeza ni más dolor, y
cuando estemos los
redimidos allá en el cielo
alabaremos al Señor (2).*

A la batalla Jesús nos
llama, va con nosotros el
capitán.

Marchemos pues a
combatir a los ejércitos de
satán (2).

Y con Jesús yo iré y
ganaremos la batalla (2).

Con Cristo ganaremos, la
batalla
Con María ganaremos, la
batalla
Con la Palabra ganaremos,
la batalla
Orando ganaremos, la batalla
Aquí se canta, aquí se ora,
se alaba a Dios a toda hora
(2).

Yo siento un fuego que me
está quemando
El Espíritu Santo me está
bautizando.

*Jesucristo no está en la
tumba, tampoco está en
el madero
Jesucristo resucitó y
ahora se encuentra en el*

173

cielo (2).

Y desde allí ha de venir… a levantar a su pueblo (2).

Hermano si estás seguro que Cristo viene de nuevo Levanta tu mano al cielo y glorifica al Cordero (2).

El diablo está pisa'o, está pisa'o, está pisa'o (4).

Hermano si estás seguro que Cristo viene de nuevo Levanta tu mano al cielo y glorifica al Cordero (2).

El diablo está pisa'o, está pisa'o, está pisa'o (4).

Sabes porqué yo tengo una sonrisa
Sabes por qué quiero gozar deprisa
Sabes por qué yo tengo una alegría,
Porque el Señor Jesús ha entrado en mi vida (2).

Dando tres palmadas
Alaba al Señor
Da la vuelta entera
Canta este pregón:

Jesús es Señor Verdad, Camino y Vida,
es el Buen Pastor, que me quiere y me da vida,
El me da el amor, a mi

cuerpo le da vida
y yo le doy mi corazón (2).
Baila, baila, baila por Cristo
Alaba, alaba, alaba a Cristo (2).

Agáchate, agáchate, agáchate un poquito (2).

Chiri, chiri, chiri, chiri bon, bon,bon…

Mueve la cabeza, mueve la cintura, a cantarle
A Cristo, ay que sabrosura (2).

Jesús es Señor Verdad, Camino y Vida,
es el Buen Pastor, que me quiere y me da vida,
el me da el amor, a mi cuerpo le da vida
y yo le doy mi corazón (2).
¿Dónde se pasa bien?
En la casa de Dios (2).

Donde se olvidan las penas, donde se olvida el dolor (2).

Y esto es pa' amanecer, el que no está de acuerdo que se vaya
Y esto pa' amanecer alabando a Dios hasta mañana (2)
Alábale… alábale (4).

¡ey hombe! Que Cristo ya

viene (2).
Ten cuida'o que te quedas
tu (4).

Lo dicen los varones...Que
Cristo ya viene (2).
Ten cuida 'o que te quedas
tu (4)
Lo dicen las mujeres...
Lo dicen los cristianos...

366.

Si tuviera fe como un
granito de mostaza, eso
dice el Señor (2).
Yo le diría, a la montaña
muévete, muévete,
muévete (2).
Y la montaña se moverá,
se moverá, se moverá.

Como corre el rio por todo
mi ser (2)
Es que yo confió en Cristo
mi Rey (2).

Como rió de agua viva, que
salta pa´rriba, que llevo
dentro,
Confirma, confirma es el
momento espíritu santo, el
derramamiento oh, oh (2).

Ya llego, ya llego, el

Espíritu Santo ya llego (2)
Lo siento en mis manos, lo
siento en mis pies, lo siento
en mi alma y en todo mi ser
(2)
Aquel que camino, sobre
las aguas (2)
Esta aquí, está a mi lado
(2)
Como un rayo, cayendo
sobre mi (2)
Me quema, me quema, me
quema, ah (2).

Yo edifique una casa (2);
sobre la roca yo edifique
Y era cristo la roca, (2)
Sobre la que yo edifique; (2).
Esa casa no se cae porque
esta sobre la roca (2).

Paséate Nazareno,
Nazareno paséate (2).

Como se alaba... con
poder;
Como se canta... con
poder;
Quien vive... cristo (2)
Y a su nombre... gloria (2)
Todos juntos vamos a
cantar, al señor vamos a
alabar; llenos de gozo
vamos a cantar, que en
nosotros reinando esta.
Pasito por aquí, pasito por
allá, vuelta entera vamos a
dar (2)
Vamos a aplaudir, vamos a
zapatear,

Vamos a gritar… que viva
Jesús (2)
Ya llego, ya llego el Espíritu
Santo ya llego (2).

Lo siento en mis manos, lo
siento en mis pies, lo siento
en mi alma y en todo mi ser
(2)
Aquel que camino sobre las
aguas (2)
Esta aquí, está a mi lado
(2)
Como un rayo, cayendo
sobre mi (2)
Que quema, que quema,
que quema.

367.
Ven, ven, ven Espíritu
Divino
ven, ven, ven acércate a
mi (2).
Apodérate, apodérate,
apodérate de todo mi ser
(2)
Aquí se siente la presencia
de Dios (2)
Siento el fuego del Espíritu
Santo (2).

Siento gozo, siento paz,
siento el amor que mi Dios
me da (2)
Aquí se siente la presencia
de Dios (2)
En el principio el Espíritu
de Dios se movía sobre
las aguas (2)

Y ahora se está moviendo
dentro de mi corazón (2).
Un paso más, un paso más
de fe (4).

Adelante hermano,
adelante hermana
que allá en el cielo nos
espera un galardón (2).

Este avivamiento quién lo
apagará,
quién lo apagará, quién lo
apagará.
Si el Señor lo ha dado
permanecerá,
permanecerá,
permanecerá.
En las pruebas y en las
luchas nadie lo podrá
apagar, manda fuego,
santifica, santifícame
Señor.

No vivo yo más Cristo vive
en mí, para mi Él es vivir,
para mi Él es vivir, para mi
Él es vivir, para mi vivir es
Cristo (2).
Fluye, fluye Espíritu
Santo (2)
Fluye, que fluye, fluye
Espíritu Santo (2).

En el salmo 22 la Biblia lo
indica (2)
Cristo mora en la
alabanza, en la alabanza
el habita (2).

Y si le alabo… se goza
Y si le alabo… se goza
Y si le alabo… se goza
Y si le alabo
Y si le canto… se goza
Y si le canto… se goza
Y si le canto… se goza
Y si le canto.

Fluye, fluye Espíritu Santo
(2).

Ríos de agua viva siento
correr por mí ser
Es la presencia del Santo
de Israel (2).

Él está aquí, él está aquí, él
está aquí es Santo de
Israel (2).
Ay que yo lo siento dentro
de mi…yo lo siento dentro
de mi (2).
Ay que yo lo siento y tú lo
sientes… yo lo siento
dentro de mi (2).

Aunque vengan las
penas… yo lo siento
aunque venga el dolor… yo
lo siento
aunque vengan tristezas…
yo lo siento
aunque el diablo no
quiera… yo lo siento (2).

**Cuando el faraón dejó ir
al pueblo Moisés estaba
en el desierto (2).**

Pero el Señor iba delante
de ellos (2).
De día columna de nube,
de noche columna de fuego
(2)
De día… nube, de noche...
fuego (2).

Así cuida el Señor tu vida y
la mía,
así cuida el Señor mi fe
cada día (2).

Pon aceite en lámpara
Señor (2).
Que yo quiero servirte con
amor.
Pon aceite en mi lámpara
Señor.

**Si el Espíritu de Dios se
mueve en mi yo danzo
como David (2).**

Yo danzo, yo danzo, yo
danzo como David (2)
David, David, David, David
danzaba como los
corderitos de la manada
(2).
La esposa de David lo
criticaba, pero David,
David, David, David
danzaba (2)
Ay David, David… danzaba
(4).
Y yo danzaré… aleluya (4).

ENTRADA Y SALUDO INICIAL

S: En el nombre del Padre, y del Hijo y del Espíritu Santo.
R: Amén.
S: La gracia de nuestro Señor Jesucristo, el amor del Padre y la comunión del Espíritu Santo estén con vosotros.
R: Y con tu espíritu.

ACTO PENITENCIAL

Yo confieso ante Dios todopoderoso y ante vosotros, hermanos, que he pecado mucho de pensamiento, palabra, obra y omisión. Por mi culpa, por mi culpa, por mi gran culpa. Por eso ruego a Santa María, siempre Virgen, a los ángeles, a los santos y a vosotros, hermanos, que intercedáis por mí ante Dios, nuestro Señor.

GLORIA

Gloria a Dios en el cielo, y en la tierra paz a los hombres que ama el Señor. Por tu inmensa gloria te alabamos, te bendecimos, te adoramos, te glorificamos, te damos gracias. Señor Dios, Rey celestial, Dios Padre todopoderoso. Señor Hijo único, Jesucristo, Señor Dios Cordero de Dios, Hijo del Padre; Tú que quitas el pecado del mundo, ten piedad de nosotros; Tú que quitas el pecado del mundo, atiende nuestra súplica; Tú que estás sentado a la derecha del Padre, ten piedad de nosotros; Porque sólo tú eres Santo, sólo tú Señor, sólo tú Altísimo Jesucristo. Con el Espíritu Santo, en la gloria de Dios Padre. Amén.

CREDO DE LOS APOSTOLES.

Creo en Dios, Padre todopoderoso, Creador del cielo y de la tierra. Creo en Jesucristo, su único Hijo, nuestro Señor, que fue concebido por obra y gracia del Espíritu Santo, nació de Santa María Virgen, padeció bajo el poder de Poncio Pilato, fue crucificado, muerto y sepultado, descendió a los infiernos, al tercer día resucitó de entre los muertos, subió a los cielos y está sentado a la derecha de Dios, Padre todopoderoso. Desde allí ha de venir a juzgar a vivos y muertos. Creo en el Espíritu Santo, la santa Iglesia católica, la comunión de los santos, el perdón de los pecados, la resurrección de la carne y la vida eterna. Amén.

CREDO DE LA MISA (NICENO)

Creo en un solo Dios, Padre Todopoderoso, Creador del cielo y de la tierra, de todo lo visible y lo invisible.
Creo en un solo Señor, Jesucristo, Hijo único de Dios, nacido del Padre antes de todos los siglos:
Dios de Dios, Luz de Luz, Dios verdadero de Dios verdadero, engendrado, no creado, de la misma naturaleza del Padre, por quien todo fue hecho; que por nosotros lo hombres, y por nuestra salvación bajó del cielo, y por obra del Espíritu Santo se encarnó de María, la Virgen, y se hizo hombre; y por nuestra causa fue crucificado en tiempos de Poncio Pilato; padeció y fue sepultado, y resucitó al tercer día, según las Escrituras, y subió al cielo, y está sentado a la derecha del Padre; y de nuevo vendrá con gloria para juzgar a vivos y muertos, y su reino no tendrá fin. Creo en el Espíritu Santo, Señor y dador de vida, que procede del Padre y del Hijo, que con el Padre y el Hijo recibe una misma adoración y gloria, y que habló por los profetas.

Creo en la Iglesia, que es
una, santa, católica y
apostólica.
Confieso que hay un solo
bautismo
para el perdón de los
pecados.
Espero la resurrección de
los muertos
y la vida del mundo futuro.
Amén.

PADRE NUESTRO

Padre nuestro, que estás
en el cielo, santificado sea
tu Nombre; venga a
nosotros tu reino; hágase tu
voluntad en la tierra como
en el cielo. Danos hoy
nuestro pan de cada día;
perdona nuestras ofensas,
como también nosotros
perdonamos a los que nos
ofenden; no nos dejes caer
en la tentación, y líbranos
del mal. Amén.

Made in the USA
Monee, IL
12 November 2024

69971444R00111